大学生社团管理模式与实践
——西南交通大学社团管理实践探索

主　编　张江泉　樊治辰　李振宇
副主编　金玉婷　张容华　徐　洁
编　委　张子潼　李怡洁　郭衍灵　师英娜　谭湘怡

西南交通大学出版社
·成都·

图书在版编目（CIP）数据

大学生社团管理模式与实践：西南交通大学社团管理实践探索 / 张江泉，樊治辰，李振宇主编. -- 成都：西南交通大学出版社，2024.4

ISBN 978-7-5643-9789-0

Ⅰ. ①大… Ⅱ. ①张… ②樊… ③李… Ⅲ. ①西南交通大学 – 社会团体 – 管理模式 – 研究 Ⅳ. ①G645.57

中国国家版本馆 CIP 数据核字（2024）第 075019 号

Daxuesheng Shetuan Guanli Moshi yu Shijian
—— Xinan Jiaotong Daxue Shetuan Guanli Shijian Tansuo

大学生社团管理模式与实践
—— 西南交通大学社团管理实践探索

主编　张江泉　樊治辰　李振宇

责任编辑	郭发仔
封面设计	原谋书装

出版发行	西南交通大学出版社 （四川省成都市金牛区二环路北一段 111 号 西南交通大学创新大厦 21 楼）
邮政编码	610031
营销部电话	028-87600564　028-87600533
网址	http://www.xnjdcbs.com
印刷	成都中永印务有限责任公司

成品尺寸	185 mm × 260 mm
印张	9.75
字数	244 千
版次	2024 年 4 月第 1 版
印次	2024 年 4 月第 1 次
定价	48.00 元
书号	ISBN 978-7-5643-9789-0

图书如有印装质量问题　本社负责退换
版权所有　盗版必究　举报电话：028-87600562

前 言 PREFACE

高校学生社团是落实立德树人根本任务、推进素质教育的重要载体，是高校学生根据成长成才需要，结合自身兴趣特长，在高校党委的领导和团委的指导下开展活动的群众性学生团体。2020年1月，中共教育部党组和共青团中央联合印发《高校学生社团建设管理办法》，切实加强高校学生社团建设管理，充分发挥学生社团育人功能，支持高校学生社团健康有序发展。高校学生社团的主要任务是在习近平新时代中国特色社会主义思想的指导下，团结凝聚广大青年学生，坚持思想性、知识性、艺术性、多样性相统一的原则，积极开展方向正确、健康向上、格调高雅、形式多样的社团活动，丰富课余生活，繁荣校园文化，促进青年学生德智体美劳全面发展。

"无社团，不青春。"作为校园文化的重要载体，西南交通大学现有各类校级社团104个，分为思想政治、体育健康、校园服务、文化艺术、学术科创、志愿公益六个大类，在校党委的领导、校团委的指导下，完善组织架构，打造社团品牌，高效开展内部建设，积极拓展外部活动，以兴趣为桥梁，以知识为纽带，在校园中聚焦思想引领、激发运动热情、浸润文化艺术、营造学术氛围、强化青年担当，以积极昂扬的姿态展现新时代青年人的勃勃生机，彰显青春力量，传播青春故事，唱响青春篇章。

习近平总书记强调："青年强，则国家强。当代中国青年生逢其时，施展才干的舞台无比广阔，实现梦想的前景无比光明。"大学是丰富阅历、积累才干、增长学识、打磨品质的重要人生阶段，而社团则是校园文化的重要载体，始终以丰富兴趣爱好为连接点，以服务人才成长为目标点，凝心聚魂、立德树人，以精神传承育德，以科创赛事增智，以文体活动强体，以文化交流育美，以志愿实践促劳，是不断培养德智体美劳全面发展的社会主义合格建设者和可靠接班人的重要阵地。

全书分为六章，结合西南交通大学团委工作实际，探索新时代高校学生社团管理模式与创新。本书是四川省重点研究基地"十四五"规划2022年度课题：大学生党史学习教育常态化长效化制度机制构建研究（项目批准号：CSZ22002）、2023年度共青团实践育人工作课题"共青团服务欠发达地区一般院校大学生就业的机制探索"、2023年高校思想政治工作队伍培训研修中心（西南交通大学）思想政治教育专项课题"以二十四节气为主线的新时代高校劳动教育实施路径探析"（课题编号：SZSWJTU23-01）、"基于学生群体画像分析探索高校第二课堂精准思政研究"（课题编号：SZSWJTU23-10）等项目阶段性研究成果，是学校党委落实党的二十大报告中"全党要把青年工作作为战略性工作来抓"这一重要内容的成效体现，更是习近平总书记在报告中提到的"要做青年朋友的知心人、青年工作的热心人、青年群众的引路人"这一青年工作方法论的现实运用。谨以此书献礼高校学生社团与每一位新时代新青年。

本书内的数据统计截至2023年年初。由于编写时间不够充分、编者理论水平有限，本书难免存在不足之处，请专家学者批评指正。

张江泉

2023年8月

目录 CONTENTS

第一章　绪　论 ………………………………………………… 001

第二章　思想政治类 …………………………………………… 015

第三章　学术科创类 …………………………………………… 022

第四章　文化艺术类 …………………………………………… 059

第五章　体育健康类 …………………………………………… 091

第六章　志愿公益类 …………………………………………… 118

第七章　校园服务类 …………………………………………… 122

附录一　中共西南交通大学委员会关于推进学生社团深化改革的
　　　　实施方案 …………………………………………… 132

附录二　西南交通大学服务类活动考核表 …………………… 137

附录三　西南交通大学讲座类活动考核表 …………………… 139

附录四　西南交通大学竞赛类活动考核表（非体育）……… 141

附录五　西南交通大学体育竞赛类活动考核表 ……………… 143

附录六　西南交通大学晚会类活动考核表 …………………… 145

附录七　西南交通大学社团内部文化活动考核表 …………… 147

附录八　西南交通大学学生社团活动反馈表 ………………… 149

参考文献 ………………………………………………………… 150

第一章

绪 论

第一节 高校学生社团概述

党的二十大报告指出:"广大青年要坚定不移听党话、跟党走,怀抱梦想又脚踏实地,敢想敢为又善作善成,立志做有理想、敢担当、能吃苦、肯奋斗的新时代好青年,让青春在全面建设社会主义现代化国家的火热实践中绽放绚丽之花。"学生社团作为新时代背景下培养青年的重要阵地,应积极响应国家号召,不断创新管理模式,促进青年学生德智体美劳全面发展。

一、高校学生社团的定义与任务

(一)学生社团的定义

学生社团是落实立德树人根本任务、推进素质教育的重要载体,是在校学生根据成长成才需要,结合自身兴趣特长,在学校党委的领导和团委的指导下开展活动的群众性学生团体。他们是学生活动的主要阵地,是活跃校园文化的主力军,是广大同学拓展兴趣爱好,提高动手实践能力、交际能力、组织管理能力,培育创新精神的沃土,也是学校实施素质拓展计划的良好载体。

(二)学生社团的任务

学生社团的基本任务是:以习近平新时代中国特色社会主义思想为指导,团结凝聚广大青年学生,坚持思想性、知识性、艺术性、多样性相统一的原则,积极开展方向正确、健康向上、格调高雅、形式多样的社团活动,丰富课余生活,繁荣校园文化,促进青年学生德智体美劳全面发展。

二、高校学生社团的价值内涵

高校学生社团发挥着繁荣校园文化、促进青年学生健康成长的重要作用,是高校培养德智体美劳全面发展的社会主义建设者和接班人的有力抓手,也是高校实现价值塑造、能力培养、知识传授"三位一体"育人理念的重要载体。其价值内涵有以下几点。

(一)学生社团是开展思政教育的前沿阵地

随着高等教育体制改革的不断深化,传统意义上共青团最基本的活动阵地——班级的概念正在逐步淡化,过去重视第一课堂教育,以思想政治理论课教师为主力、以教室为阵地、以灌输为主要方式的高校思想政治教育方式逐渐弱化。

与此同时,高校学生社团在不断发展过程中,具有亲和力、互动性和较强的凝聚力,更受学生欢迎。这不仅是开展思想政治教育的很好场域,也是引导学生践行社会主义核心价值观的重要阵地。学生社团具有思想政治教育力量补充、同辈教育、自我教育等功能,通过思想引领,可以在思想政治和"三全育人"方面充分发挥作用,最大化发挥育人成效,不断提高大学生的政治觉悟、政治站位，增强政治理论修养，坚定政治信仰，进而提高大学生解决实际问题的能力。例如，在思想政治类社团中，社团成员们共同学习党的理论政策，不断坚定中国特色社会主义道路、理论、制度、文化自信，形成正确的价值观。

此外，学生社团能够直接参与学生管理工作，通过开展活动进一步引导大学生树立共产主义远大理想，坚定中国特色社会主义共同理想，增强道路自信、理论自信、制度自信、文化自信，坚定听党话、跟党走的政治追求，将个人理想同国家和民族的理想结合起来，形成良好的学习风气，不断提高自己的综合素质，为实现第二个百年奋斗目标贡献青春力量。例如，在志愿公益类、文化艺术类等社团中，通过开展形式多样的社团活动推动思想政治教育创新，将思想引领、道德浸润、先进文化融入其中，不仅可以增强学生的爱国意识、责任意识等，还能使学生在实践活动中全方位感受思想政治教育的魅力。

（二）学生社团是发展素质教育的重要载体

素质教育是以提高学生综合素质为目标，以培养学生实践能力和创新精神为重点，强调学生综合能力全面发展的现代教育模式，不仅要求学生具有扎实的专业知识，而且要有适应社会发展、满足社会需要的综合能力。虽然课堂教学是大学生素质教育的主阵地，但学生综合能力的培养仅靠传统的第一课堂无法完全实现。

学生社团作为高校第一课堂的延伸与补充，具备专业化、实践性、社会性等特点。把"第一课堂"的理论教学和"第二课堂"的实践教学相融合，共同发挥教育作用，为提高学生的整体素质创造一个良好的环境。一是能够提高学生的创新能力。学生社团根据青年学生的兴趣、爱好组建，通过组织形式各样的社团活动吸引更多的学生参加。在这个过程中，可以营造浓厚的创新氛围，打造创新团队，整合创新资源。二是能够增强学生的团队协作能力。高校学生社团作为学生组织，由学生根据自愿原则组成，呈现出自我组织、自我管理的重要特征。以志愿服务类社团为例，学生在校内外开展志愿服务与社会实践活动的过程中，能锻炼组织管理能力和应对突发事件的能力，同时还能培养团队合作意识。三是能提高学生的社会化能力。学生社团开展的多种多样的社会实践活动，是学生了解社会、接触社会、融入社会的途径之一，可以提高学生的交际能力，使学生在成长和交流过程中学会如何为人处事，为他们以后就业和发展奠定坚实的基础。

（三）学生社团是实现实践育人的良好平台

高校学生社团是"第二课堂"育人的良好平台，能够起到凝聚青年学生、培养学生人际关系和组织协调能力的作用，为大学生成长发展提供了广阔的实践空间，具有"第一课堂"无法替代的实践育人作用。

如今，高校愈发注重培养学生的实践动手能力，学生社团在高校内发挥的实践育人作用尤为重要。以学术科创类社团为例，学术科创类社团延伸了"第一课堂"的专业教学，为学生进行专业技能实践提供了现实可行的活动载体、参加学术科创竞赛的机会与赛训指导，让学生在社团活动中能够对所学专业知识进行延伸学习、深化理解并加以实践应用。不仅如此，社团把具有创造潜质的学生聚在一起，大家团结协作共同前进，使大学生的集体主义观念和责任意识得到增强。此外，在志愿服务类社团中，学生把专业所学投入到为他人服务的过程

中，在提高自我实践能力的同时也培养了他们的社会责任感。

（四）学生社团是形成文化建设的核心力量

大学校园的文化建设是高校发展的关键。校园文化是学校发展的精神支柱，是凝聚人心、展示学校精神风貌的关键。

学生社团是构建校园文化的主体，社团文化是一种具有丰富内涵的思想文化，表现形式多种多样，对大学生行为方式、价值观念、道德情操的形成与发展有着深远的影响。

学生是校园文化建设的主力军，众多学生组织开展的社团活动又为校园文化建设添砖加瓦，为其注入源源不断的青春活力。在校党委的领导和团委的正确指导下，社团活动得到全方位开展，把学生思想引领到健康积极的方向上来，用学生喜闻乐见的方式培养他们守正创新、自立自信、胸怀家国的精神，从而夯实校园文化建设的根基，营造健康积极的校园文化氛围。

三、高校学生社团的发展概况

高校学生社团是高等教育中浓墨重彩的一笔，它的发展受到高校政策和整个高校系统在新时代成长路径的影响。高等教育的发展也会受到不同历史事件的影响，因而高校学生社团的发展在不同时期各有特色。

（一）中国高校学生社团的发展概况

在中国，社团的产生和发展具有悠久的历史。在春秋战国时期，社会性团体就已经出现。经过比较剧烈的社会变革，社会阶级产生了很大的改变，一度出现了"诸子百家"的现象。诸子百家代表社会不同阶层的利益，各个团体广收门徒，形成了"百家争鸣"的局面，各团体中的人员有相同的道德追求。"诸子百家"的形成标志着我国社会性团体已经形成。此后，社会各阶层读书人寻求志趣相投的人进行思想交流、学术研究，进而逐渐形成社会性团体，并时常举办集会等其他活动。"风声雨声读书声声声入耳，家事国事天下事事事关心"，古人讲求诗礼传家，于是在千百年的历史流转中，承载着文明和思想火花的"四大书院"（河南商丘的应天书院、湖南长沙的岳麓书院、河南登封的嵩阳书院、江西庐山的白鹿洞书院）应运而生。创建于北宋政和元年（1111年）的东林书院，是当时北宋理学家程颢、程颐嫡传高弟、知名学者杨时长期讲学的地方。1604年，由东林学者顾宪成等人重新修复并在此聚众讲学，倡导"读书、讲学、爱国"。东林书院成为江南人文荟萃之地和议论国事的主要舆论中心。

中国自主创办的现代大学是1895年由盛宣怀创办的北洋大学堂（现天津大学）和1896年由盛宣怀创办的南洋公学（现上海交通大学），而具有标志性的大学是1898年戊戌变法中创办的京师大学堂（现北京大学）。这些学堂的创办，掀开了中国近代以来高等教育的新篇章。

1902年11月，南京成立了"爱国学社"，思想活跃的学生创办了《学生世界》。爱国学社的成员是退学的学生，主要活动是学习，但是其并不是由在校学生自行创办的团体。1904年，日俄战争爆发后，京师大学堂学生丁作霖出于对列强侵略中国和清政府软弱无能的愤慨，与同学张榕赶赴东北，在奉天组织成立了"抗俄铁血会"并开展爱国行动，为京师大学堂和其他高等学校的学生树立了榜样。其他同学也纷纷效仿，建立了类似组织，积极参与到各类爱国活动中。因此，"抗俄铁血会"应该是第一个由在校大学生发起组织的真正意义上的高校学生社团。

1905年，清政府宣布废除科举制度、倡立新学后，全国各地掀起了一场建立新式高等学堂的热潮，社团也因此繁荣起来。清朝末年，全国已有公立大学与公立高等学堂27所，私立专科以上学校也有若干所，其中仅教会办理的就有十余所。1912年，全国专科以上学校共有115所，学生达4万多人。1911年，辛亥革命推翻了清朝政府的统治，结束了中国两千多年的封建帝制，陈独秀、李大钊等人发表了大量宣传民主主义思想和社会进步的文章，解放了一大批有识之士的思想。1915—1919年，中国出现了新式知识分子群体，他们乐于接受新式科学知识。据统计，1916年，全国新学堂学生近400万人。如北京大学到1918年时，全校教员达到217人（其中教授90人）、学生总数达1980人（其中研究生148人），成为全国最大的高等学校。高等学校的蓬勃发展为中国高校学生社团注入了新鲜活力。各种性质、各种名称的社团掀起了中国历史上第一波全国性高校学生社团的热潮。从各种文献综合来看，五四运动时期按时间建立的社团有诗社、互助社、新民学会、少年中国学会、新潮社、国民杂志社、平民教育讲演团、工学会、觉悟社、曙光杂志社、平民周刊社、北京工读互助团、北京大学马克思学说研究会、外国语学社。从五四运动到中华人民共和国成立前夕，虽然北洋军阀镇压学生运动，遏制高校学生社团的发展，但中国高校学生社团整体处于平稳发展的状态。中国共产党的最早组织是在上海建立的。上海共产党早期组织成立后，实际上成为各地建党活动的联络中心。各地共产主义小组成立后，有组织、有计划地扩大马克思主义的研究和宣传，批判各种反马克思主义思潮，发起建立社会主义青年团，创办工人刊物，开办工人学校，领导工人成立工会并开展工人运动，进一步促进了马克思主义同工人运动的结合。华北事变后，民族危机空前严重。1935年12月9日，北平大中学校学生数千人举行了抗日救国示威游行，反抗日本帝国主义，即"一二·九"运动。"一二·九"运动得到了全国人民的支持和响应，广泛地宣传了中国共产党"停止内战、一致对外"的抗日主张，从而掀起了全国抗日救亡运动的新高潮。抗日战争时期，高校学生社团组织的活跃发挥了重要作用，也产生了积极的影响。学生们通过学生社团参与相应的社会实践工作，既提高了自身的社会服务能力，也增强了社会责任感和民族意识。其中，高校学生社团组织主要有"学生自治会""抗敌后援会"等。解放战争时期，在国民党统治区爆发了"一二·一"运动、"一二三〇"运动、"五二〇"运动等学生爱国运动。中华人民共和国成立后，各高校对社团进行了整顿和重组，学生社团的活动内容主要围绕恢复教育和生产、服务社会、学术研究以及开展文化体育活动等方面来进行。

改革开放后，高校学生社团展现出蓬勃活力，并再度进入繁荣时期。由于国家和高校对大学生素质教育的重视程度不断提高，高校学生社团又如雨后春笋般迅速发展。高校学生社团在性质、类型、功能等方面都发生了比较大的改变，高校学生社团在学术水平、科技含量、服务社会能力等方面都有了较大程度的提高。现在，全国各大高校都有一定数量的社团，发展形势向好。共青团中央也加强了对社团的管理，发布了《关于加强和改进大学生社团工作的意见》（中青联发〔2005〕5号）和《高校学生社团建设管理办法》（教党〔2020〕13号）。

（二）西南交通大学学生社团的发展概况

西南交通大学（以下简称"交大"）肇始于1896年的山海关北洋铁路官学堂。1896年5月4日，从北洋官铁路局调任津卢铁路总工程师的金达上书津卢铁路督办胡燏棻，陈述创建铁路学堂的建议，并提出了具体办法，拟定了《在华学成之铁路工程司章程》16条附陈。1896年11月20日，北洋铁路总局在上海的《申报》《新闻报》等报刊上刊登《铁路学堂告白》《铁路学堂章程》，向外界宣告山海关北洋铁路官学堂的建立并开始招生。

1897年11月22日，学校迁至山海关。1900年3月17日，山海关北洋铁路官学堂第一届第一、二班学生毕业。同年，八国联军侵华战争爆发；6月17日，八国联军占领大沽炮台，学校学生和中外教习为逃避战乱纷纷离去；9月30日，英、俄联军侵占山海关，学堂校舍为沙俄军队侵占，铁路学堂在山海关办学的历史就此中断。

此后，西南交通大学屡迁校址，数度更名。1912年1月19日，中华民国成立后，邮传部改称交通部，学堂由交通部直辖，后更名为唐山铁路学校。1913年9月，奉令更改校名为唐山工业专门学校。1914年8月，交通部颁发关防，学校正式改易名称。1919年5月4日，五四运动爆发，学校掀起了成立学生社团的热潮，学生社团的数量逐渐增加。5月24日，学校全体学生决定罢课，发表宣言，声援爱国运动。1921年7月1日，交通大学正式成立，下设立北京学校、唐山学校、上海学校。1923年7月，学校奉交通部训令，改称交通部唐山大学。1928年2月，北洋政府交通部指令交通部唐山大学改名唐山交通大学。唐山交通大学扬名海内外，素有"东方康奈尔"之美誉。1937年7月7日，"卢沟桥事变"爆发，时值暑假，留校师生不多。17日，唐山校舍便为日军占领，学校事先毫无准备。事变后，国民政府无力顾及，师生流落星散，学校形同解散；几十年惨淡经营积累起来的珍贵仪器、设备、图书馆藏和文卷档案全部弃留日寇。1950年8月，原政务院下令将中国交通大学改名为北方交通大学，唐山工学院继而更名为北方交通大学唐山工学院。1952年，全国高等院校院系调整，学校更名为唐山铁道学院。1960年，经中共中央批准，学院成为全国重点大学。1964年学校内迁峨眉，1972年定名为西南交通大学。

1989年，学校办学主体迁往成都。2000年，学校划归教育部管理。此后，交大举办了第一届社团文化节，迄今为止已举办了23届，社团文化节成为交大社团发展历史中一道独特的风景线。

如今，交大共有100多个学生社团，分为思想政治类、体育健康类、校园服务类、文化艺术类、学术科创类、志愿公益类六个大类。其中包含已成立数十年的"年长社团"，也覆盖"青年社团"和年轻社团，历史相交，时代传承。交大社团在《西南交通大学学生社团建设管理工作细则》下统一思想、深化改革，涌现了一批具有模范作用的"活力社团"。

四、高校学生社团的指导政策

（一）《高校学生社团建设管理办法》

为深入学习贯彻习近平新时代中国特色社会主义思想特别是习近平总书记关于高校思想政治工作和青年工作的重要论述，切实提高对高校学生社团建设的管理水平，充分发挥学生社团的立德树人功能，推动学生社团长期可持续发展，2020年1月，中共教育部党组和共青团中央联合印发的《高校学生社团建设管理办法》(以下简称《办法》)明确规定要将学生社团工作纳入学校思想政治工作整体格局进行谋划和部署,对自身基础工作进行思考和梳理,调研不同学生社团现状,发现学生社团建设管理方面的新做法,提出能够完善院系对挂靠学生社团管理和发展的方法。其还明确指出,要切实加强高校学生社团建设管理,充分发挥社团育人功能。

《办法》第十条规定,高校须成立学生社团建设管理评议委员会,建立多职能部门共同参与管理学生社团的工作机制。西南交通大学结合工作实际,形成了学生社团建设管理评议委员会全过程构建方案,通过学生社团建设管理评议委员会制度强化对学生社团的管理、支持、服务、引导,推动学生社团健康、有序、高质量发展。为贯彻《办法》精神,加强党的领导,西南交通大学学生社团建设管理评议委员会在社团注册登记、年审、骨干遴选与考核等事宜上,需要报请校党委核准执行,夯实党的全面领导。校党委在职能行使过程中,严格遵守职权分工与议事的细则规范,在保证效率的同时落实责任。

《办法》规定了申请成立学生社团的条件、申请成立学生社团必需的材料以及不予批准成立的情形,并规定由学生社团建设管理评议委员会负责评议和审核学生社团的成立情况。为了与学生社团建设管理评议委员会的制度相匹配,西南交通大学进一步完善细化了学生社团成立的流程,并出台了《西南交通大学学生社团管理制度汇编》。

《办法》明确了社团成员构成、负责人基本情况、活动开展及财务明细、指导教师工作情况和业务指导单位意见等。在工作实践中,西南交通大学逐步确定了社团规模、社团成员构成、社团骨干工作及学习情况、年度活动清单、指导教师工作情况、指导单位意见、财务状况、有无违纪违规情况等年审内容。

《办法》规定了学生社团应当注销的情形及注销后的相关事项。对于因各种恶劣情形应当责令注销的学生社团,学生社团建设管理评议委员会将从快审议相关事项,必要时由委员会主任牵头召开临时会议。社团负责人提出注销申请的学生社团,则由校团委学生社团管理服务中心在整理注销学生社团情况后成批提请学生社团建设管理评议委员会进行审核。

《办法》规定,学生社团建设管理评议委员会负责评议审核指导教师与业务指导单位的选聘,学生社团年审包括指导教师工作情况、业务指导单位意见等内容。西南交通大学学生社团建设管理评议委员会下设学生社团工作领导小组,旨在推进指导教师与业务指导单位落实职责。

(二)《中华人民共和国教育法》

2020 年 10 月,中共中央、国务院印发《深化新时代教育评价改革总体方案》,提出要"创新德智体美劳过程性评价办法,完善综合素质评价体系"。通过实现对思政类、科学技术类、体育锻炼类、文化艺术类、志愿公益类等不同类型学生社团的分类指导,构建科学、规范、可持续发展的学生社团工作体系,实现学生社团助力大学生在德育、智育、体育、美育、劳育("五育")等方面成长成才。

2021 年 4 月,经第十三届全国人民代表大会常务委员会第二十八次会议审议,《中华人民共和国教育法》第五条修改为"教育必须为社会主义现代化建设服务、为人民服务,必须与生产劳动和社会实践相结合,培养德智体美劳全面发展的社会主义建设者和接班人"。为此,

校团委在对学生社团的管理中，建立了"五育并举"的学生社团工作模式。具体工作手段包括建立第二课堂成绩单制度、拓展思想政治类社团工作开展的广度和深度、建立学术科创类社团多方联动的工作生态圈、加强体育健康类社团"全民健身"氛围的营造、提高文化艺术类社团美育工作水平、丰富校园服务类和志愿公益类社团的内涵和外延等。不仅如此，交大还立项了多个"五育"品牌系列活动，助力大学生在德育、智育、体育、美育、劳育等各方面成长成才，真正落实高校立德树人的根本任务。

第二节 大学生社团管理模式

一、大学生社团管理顶层设计

大学生社团管理工作由校党委领导、校团委管理与考核、指导单位监督与教育、指导教师引领与建设。

（一）党委领导、团委管理

学校全面加强学生社团的党委领导，将学生社团工作纳入学校思想政治工作和群团工作整体格局进行谋划部署，学生社团定期向学校党委汇报工作情况，及时研究解决学生社团工作重大事项。成立学校学生社团工作领导小组，学校分管学生工作的校领导任组长，分管人事、教学等工作的领导任副组长，成员由党委组织部、党委宣传部、党委学生工作部、党委保卫部、校团委等单位负责人组成。领导小组办公室设在校团委，履行学生社团管理与考核职能。校团委加强对全校学生社团的具体指导，成立学生社团管理部，配备专职工作人员，做好学生社团建设管理评议委员会日常工作和社团建设管理等具体事务。

学校实行学生社团指导单位联席会议制度。成立学校学生社团建设管理评议委员会，负责人由校党委分管学生工作的同志担任，成员由党委学生工作部、校团委等相关部门负责人及相关领域的专家组成。委员会承担学生社团建设发展、统筹管理的相关职责，对全校学生社团建设发展进行研究规划，制度性研究学生社团注册登记及年审、骨干遴选及考核等重要工作和重大事项，推进党的领导具体化。在学校党委的领导下，由学生社团建设管理评议委员会负责对学生社团注册登记及年审进行评议审核。评议审核结果须提交学校学生社团工作领导小组批准后方可执行。在把控质量的前提下，促进学生社团以适度规模健康发展。

（二）指导单位监督与教育

学生社团应有明确的业务指导单位，原则上业务指导单位应是与社团业务相关的校内机关职能部门、院（系）党组织或校内学术科研机构，校外组织不得作为指导单位。各指导单位应成立社团工作指导小组，单位负责人任第一负责人。各学生社团指导单位开展的学生社团工作，纳入本单位年度党建工作考核内容。

指导单位承担学生社团健康发展的主体责任，担负对所负责学生社团日常活动的监督指导和社团成员的教育管理职责，负责指导教师工作情况评价认定等。指导单位应基于学校和相关政策法规，结合各社团工作实际，确定各社团的顶层设计和社团发展路线。此外，指导单位应监督社团日常工作，如社团外部活动策划与实施、社团年审工作、社团宣传品管理等，确保社团工作正常运行。不仅如此，指导单位应发挥对社团成员的教育职责，如选拔培养社团骨干、考核评价社团指导教师工作等，为社团的有序运作和学生的全面发展提供坚实保障。

（三）指导教师引领与建设

指导教师引导学生社团发展建设，把握社团发展正确方向，加强社团成员思想政治教育，规范学生社团日常管理，参加学生社团相关活动，开展学生社团骨干培训，定期对所指导社团工作进行总结，及时发现、掌握、指导整改社团建设活动中存在的突出问题，并向学生社团管理部门报告。

首先，指导教师负责社团的日常指导与培训工作。他们为社团提供专业的指导，包括活动策划、组织管理、团队建设等方面的知识和经验。指导教师对社团成员进行培训，提升其组织管理水平，促进社团更好地开展各类活动。其次，指导教师参与社团的发展规划。他们与社团负责人共同制订长期规划，为社团的持续发展提供战略性支持，指导社团不断创新，适应相关政策的发展变化。最后，指导教师关注学生的个性发展。通过与学生深入交流了解学生的兴趣和需求，并给予个性化的引导，帮助学生在社团中得到全面发展。

二、大学生社团管理制度

（一）社团团支部建设管理制度

1. 团支部指导思想

高举中国特色社会主义伟大旗帜，深入学习贯彻习近平新时代中国特色社会主义思想和党的二十大精神，学习宣传贯彻团十九大精神，始终牢记共青团是党的助手和后备军这一政治定位，始终牢记团的根本任务、政治责任、工作主线这三个根本性问题，始终牢记引领凝聚青年、组织动员青年、联系服务青年这三项基本职责，坚持政治建团、思想立团、固本兴团、改革强团、从严治团，坚定不移地把习近平总书记关于青年工作的重要思想落实到学生社团团支部建设中。

2. 团支部工作机制

在条件成熟的学生社团探索建立临时党支部（团支部）。临时党支部（团支部）一般不发展党员（团员），不收缴党费（团费），不选举党代表（团代表）等。学生社团注销后，临时党支部（团支部）自然撤销。学生社团团员只在班级团支部注册，只有一个团籍。学生社团团支部不开展团籍注册工作。学生社团团员同时是班级团支部和所在社团团支部的成员，在两个团支部参加组织生活，实现思想政治教育与管理的双重覆盖。

3. 团支部的基本任务

一是明确支部工作职责。学生社团团支部承担政治理论学习、研究社团重要事项等职责，积极开展主题团日活动，充分发挥社团建设核心作用和思想政治引领作用。二是加强团员日常教育。团支部要通过组织生活、学习培训、主题教育、实践活动、同伴分享等形式，组织

团员常态化开展理论学习。三是做好团员教育评议工作。每学年集中开展社团团支部团员教育评议工作，并根据评议结果做好社团推优表彰等工作。四是开展主题团日活动。团支部应结合社团特色和工作实际，开展特色主题团日活动并积极打造团支部特色活动品牌。五是做好内部监督工作。做好社团成员日常工作、财务工作、换届改选等的监督工作，确保社团健康有序发展。六是加强青年联系工作。团支部委员要切实履职，代表和维护支部委员权益，加强团员青年困难帮扶工作，及时听取、收集涉及支部团员切身利益和普遍诉求的问题，及时向上级团组织反映，并推动问题解决。

4．团支部的组织建设

完善学生社团全体成员大会制度。拟批准成立的学生社团要召开全体成员大会或成员代表大会，通过社团章程，选举产生社团执行机构和负责人候选人。已注册的学生社团要定期召开全体成员大会或成员代表大会，依照社团章程行使职权，包括选举和更换社团负责人候选人，审议社团工作报告，对社团变更、解散等事项作出决定，修改社团章程，监督社团财务及活动开展情况等。

充分保障学生社团成员权利。学生社团成员应当是西南交通大学具有正式学籍的学生。社团成员有权了解所在社团的章程、组织机构和财务制度，有权对社团的管理和活动提出建议和质询，有权按照章程自由加入或退出社团，有权向上级管理部门反映社团及其成员出现的违反法律法规或校纪校规等问题。社团成员应定期注册，并按要求参加社团相关活动。

5．团支部的领导和保障

成立学生社团分团委，校团委分管学生社团工作的同志担任分团委书记。学生社团分团委承担学生社团团支部建设管理、指导监督的相关职责，对全校学生社团团支部建设发展进行统筹推进。加强对社团团支部工作的考核，将社团团支部工作纳入社团考核内容，按期开展专项考核，确保团支部工作落到实处。

（二）社团指导教师管理制度

社团指导教师管理实行思政、专业双导师制和齐抓共管的协调联动长效机制。建立学生社团指导教师选聘机制，注重发挥院（系）依托作用，按照个人申请、组织推荐、双向选择的原则建立学生社团指导教师库，并在教师库内选聘指导教师。学生社团指导教师的遴选条件是：本校在职在岗教职工，具备较强的思想政治素质、组织管理能力和与社团发展相关的专业知识，工作经验丰富，热心公益事务，具有奉献精神，关爱学生成长。

学生社团指导教师考核由学生社团建设管理评议委员会牵头，校团委具体组织。指导教师考核依据包括工作自评、学生评价、指导社团建设情况、指导社团活动情况、指导社团获奖情况和掌握社团发展情况。社团指导教师考核结果作为工作量核算认定和评奖评优等的基本依据。此外，优化学生社团指导教师评价激励。将指导教师纳入学校思想政治工作队伍培训计划，加大培训力度，切实提高学校社团指导教师队伍整体素质，将指导学生社团情况纳入教师思想政治工作和师德师风表现考核中。

（三）社团骨干管理制度

社团骨干是社团的最大活力，一支高素质的骨干队伍直接决定了社团的稳定发展。学生社团骨干是指社团主要负责人（会长、团支书、副会长）和职能部门负责人（部长、副部长）。

学生社团骨干的主要职责包括：在学校党委的领导下，在学院团委和社团指导单位的指导下，负责学生社团的发展建设，把握社团发展的正确方向；负责制定学生社团工作规划和各项制度，督促社团成员贯彻落实各项制度；负责社团成员的思想政治教育，规范学生社团的日常管理；负责学生社团相关活动的开展；负责对学生社团工作进行总结，及时发现、整改社团建设和活动中存在的突出问题，接受校团委的管理与考核等。学生社团骨干候选人必须政治立场鲜明、学习成绩优秀、组织能力突出。学生社团主要负责人由社团管理部在学校学生社团建设管理评议委员会的指导下，通过提名推荐、公开选拔、考察公示、审核批准等环节遴选产生。各部门负责人由学生社团在指导教师的指导下遴选产生，名单报社团管理部备案。

学生社团骨干考核由学生社团建设管理评议委员会牵头，校团委社团管理部具体组织。考核依据包括工作自评、民主评议和社团建设情况。考核程序为学生骨干填写考核登记表，学生社团在指导教师和指导单位指导下组织召开考核测评会，在充分考虑工作自评、民主评议、社团建设情况等方面的基础上进行考核测评。学生社团对考核测评结果公示无异议后，结果报校团委社团管理部审核。校团委将学生社团骨干年度考核结果报学校学生社团建设管理评议委员会审议批准。学生社团骨干考核结果作为评奖评优等的基本依据。此外，制定全面客观、科学有效的学生社团骨干评价考核细则，建立以服务和贡献为导向的荣誉激励机制，引导学生社团骨干全心全意为社团发展服务，为社团成员成长助力，使其在社团工作的实践中受教育、长才干、作贡献。

（四）社团考核管理制度

学生社团考核工作在校团委的指导下按学年进行，由学生社团管理服务中心具体负责组织实施。学生社团考核实行日常考核和活动考核相结合的方式进行。考核内容主要包括学生社团组织建设、队伍建设、文化活动建设和附加分四个部分。其中，学生社团组织建设情况包括招新工作情况、学期注册工作情况等；社团队伍建设情况包括社团主要负责人测试情况和社团主要负责人例会出勤情况；文化活动建设情况包括内部文化活动开展情况和外部文化活动开展情况；附加分情况包括社团新媒体投稿和参加与社团性质相关的比赛获奖等。学生社团学年考核结果作为社团星级评定、评奖评优等的基本依据。

此外，学生社团实行年审制度。年审内容包括社团规模、社团成员构成、社团骨干工作及学习情况、年度活动清单、指导教师工作情况、指导单位意见、财务状况、有无违规违纪情况等。对年审合格的学生社团进行注册登记，只有进行注册登记的学生社团方可继续开展活动。

（五）荣誉称号评审管理制度

在德、智、体、美、劳等方面全面发展，在学生社团工作中表现突出的全日制在校学生，风气良好、整体成绩突出的学生社团集体，可依据相关细则申请参评各类荣誉称号，获得表彰和奖励。荣誉称号评审坚持"公平、公正、公开"的原则。

1. 荣誉称号种类

荣誉称号分为个人荣誉和集体荣誉。国家级个人荣誉包括全国优秀共青团干部、全国优秀共青团员；省级个人荣誉包括四川省优秀共青团干部、四川青年五四奖章；市级个人荣誉包括优秀社团骨干、成都市优秀共青团干部、成都市优秀共青团员；校级个人荣誉包括优秀共青团干部、优秀共青团员、优秀学生干部、明诚奖、"十佳"学生社团会长、"十佳"学生社团团支部书记、优秀学生社团干部和优秀学生社团会员。

国家级集体荣誉包括"榜样100"全国优秀大学生社团、全国高校百强学生社团、全国高校"活力社团"；省级集体荣誉包括四川省"活力社团"；市级集体荣誉包括成都市百佳学生社团；校级集体荣誉包括"十佳"学生社团和优秀学生社团。

2. 荣誉称号评选条件

参加各类个人荣誉评选的学生应当具备以下基本条件：拥护中国共产党领导，树立爱国主义思想，坚定中国特色社会主义道路自信、理论自信、制度自信、文化自信，树立中国特色社会主义共同理想，积极弘扬和践行社会主义核心价值观；热爱学校，积极践行"竢实扬华，自强不息"的交大精神和"精勤求学，敦笃励志，果毅力行，忠恕任事"的交大校训；遵守宪法、法律、法规，遵守公民道德规范，遵守学校章程和规章制度，遵守学生行为规范，尊敬师长，团结同学，关心集体，具有良好的行为习惯；刻苦学习，恪守学术道德，勇于探索，积极实践；积极参加各类社会工作和文体活动，身心健康。

参加集体荣誉评选的学生社团应当具备以下条件：一是政治建设好。组织社团团员青年认真学习习近平新时代中国特色社会主义思想，增强"四个意识"，做到"两个维护"。加强对团员的理想信念和国情教育，引导团员青年坚定"四个自信"。二是组织建设好。社团组织机构健全，社团干部以身作则，团结协作，有较强的凝聚力和战斗力，在社团建设中起到模范带头作用。三是活动开展好。围绕学校中心工作，按照校团委的工作部署，积极组织开展主题鲜明、形式多样、有益同学成长成才的校园文化活动，取得显著效果和突出成绩。四是青年反映好。社团对团员、青年有较强的吸引力、凝聚力、号召力，深入青年扎实有效开展工作，在团员青年中有较高的认可度。五是经学校正式注册的学生社团。六是参评年度所在学生社团考核结果为良好及以上。

第三节 大学生社团品牌培育

一、社团品牌培育的内涵与价值

社团品牌培育是社团成员基于社团定位，在学校有关部门及教师的指导与帮助下共同打造反映社团核心价值、代表社团独特形象并具有一定知名度和竞争力、区别于高校其他社团的识别标志与精神象征的过程。

高校学生社团品牌培育是高校培养时代新人、加强实践养成教育的重要途径，对如何引导学生将专业所学与实践活动紧密连接，实现文化育人的教育目标并服务于社会，具有重要意义。

（一）提供广阔的发展平台

社团品牌培育能够为学生提供广阔的发展平台。首先，社团品牌培育为学生提供了拓展兴趣的平台。学生通过接触丰富的品牌社团，发现并培养自己的潜在兴趣和专长，从而拓宽自己的兴趣范围。其次，社团品牌培育为学生提供了培养专业技能的平台。通过参与社团品牌活动，学生可以在自己感兴趣的领域深入学习和实践，培养专业技能。最后，社团品牌培育为学生提供了提高综合能力的平台。参与社团活动的经历可以培养学生的领导力、团结合作能力、组织活动能力、解决问题和协调资源能力等。

（二）提高学生的综合能力

一方面，推动高校学生社团品牌化建设，鼓励社团成员积极参与活动组织、制订计划和协调资源等过程，可以培养一大批有较强领导力、组织能力、协作能力、解决实际问题能力和沟通能力的学生，充分展现朝气蓬勃的时代新人形象。另一方面，通过开展社团品牌活动，为社团成员提供更多学习和交流的机会，促使他们更好更快地学习并发挥创造力。在设计和实施新颖的活动或项目的过程中，可以培养学生的创新思维和实际操作的能力，并自觉地将学习到的专业技能运用到生活中去，从而提高实践能力与综合素质。

（三）推动校园文化建设

高校学生社团组织是校园文化的重要组成部分，为学生培养兴趣特长、展示才华智慧提供了广阔的舞台。社团品牌培育涵盖科创、艺术、体育和志愿服务等各个类别，形成了一个多元、多样的文化生态系统。同时，各类品牌活动为校园注入了生机与活力，丰富了校园文化。此外，学生在参与品牌活动中能够更深度地融入校园文化，感受学校的活力和文化氛围。这可以提高学生对学校的归属感和参与感，有助于孕育积极向上的校园文化。因此，学校应加大学生社团品牌培育力度，尽力打造品牌社团，使其成为学生社团的标杆，在校园社团建设中发挥模范作用，并对其他社团进行有效辐射，推动校园文化建设。

二、品牌活动实践案例

（一）大学生素质得到全面拓展

西南交通大学贯彻"五育并举"工作模式，开展了"五育"系列品牌活动。德育系列活动包含"弘扬孔子文化，感知礼仪之邦"孔子文化宣传日和"诗文中的'一带一路'"古诗文吟诵艺术等；智育系列活动包括"交通讲堂，轨交网络"科普讲座和"科幻赏析，光影有约"讨论沙龙等；体育系列活动包括"健康无惧，刚柔并济"自身防卫技能学习和"挥拍热爱，强健体魄"球类技能学习等；美育系列活动包括"墨香校园"沉浸式体验书法魅力和"刀痕新画意"秋日校园风景写生等；劳育系列活动包括"书送梦想，爱启未来"留守儿童阅读推广活动和"书香浓情，志愿先行"图书馆志愿服务活动等。

首先，大学生社团活动场地全面升级，为美育、体育发展打下基础。跑步协会举办"环校健身跑，跑出健康快乐"活动，在校园内形成良好的体育运动氛围，引导学生自觉开展体育锻炼、磨砺坚忍的品格和意志。中国传统手工艺体验协会举办"非遗零距离"扎染体验活

动，吸引学生的关注和兴趣，激励学生自觉弘扬中华传统文化。其次，学生社团的劳育系列活动百花齐放，体现交大学生的社会责任担当。动植物协会举办"捡秋为宝，让落叶活起来"活动，学生在活动中得到切实的锻炼和思想的提升。再次，大学生廉洁文化协会举办"清正在廉，廉洁在志"廉洁主题知识竞赛，以知识竞赛形式宣传廉洁文化，促进德育活动发展，使思想政治类社团真正成为拓展思政课外延的有效载体。最后，ACM协会举办"竞赛之路，算法启航"竞赛体验日，学生沉浸式体验算法设计，既激发了学生的科创兴趣，又促进了智育发展。

（二）大学生社团活跃度及影响力不断提升

每年新学期开学之际，西南交通大学学生社团文化节暨校级学生组织招新活动在犀浦校区和九里校区同时举行，迄今已举办了23届。交大学子可以在活动中深入了解六大类别的校级社团，欣赏社团成员呈现的一场场精彩绝伦的节目，收到由社团精心准备的礼品，参与游戏打卡、集章兑换等互动环节。社团文化节助力新生快速融入大学生活，增强新生的适应性，共同开启大学生活的崭新篇章。

此外，"毕业季Party"系列主题活动影响力不断提升。该系列活动已成功举办15期，旨在以形式多样的社团文化活动丰富校园课余生活，帮助同学们放松身心，培育积极向上的阳光心态。内容涵盖草坪音乐会、随机舞蹈、滑板和轮滑表演、书信交流、校园"植物寻宝"等活动，覆盖10 000余名师生，被人民日报客户端等多个媒体宣传报道，取得了积极的社会影响和良好的育人实效。不仅如此，部分交大学子主动在社交媒体上转发、点赞和评论与"毕业季Party"系列活动相关的推文，使得活动产生了积极的影响。

（三）科研创新取得丰硕成果

深化高校创新创业改革，是国家实施创新驱动发展战略的迫切要求和促进高校毕业生更高质量创业就业的重要举措。西南交通大学聚焦人才培养主责主业，精心筹划打造学术科创类社团，大学生科研创新水平得到全面提高。如数学建模协会、ACM协会、大学生电子科技协会、BIM协会等社团已经活跃在各大科创比赛舞台，带动了校园科研创新热潮。2022年，在第八届全国高校BIM毕业设计创新大赛竞赛中，西南交通大学获得特等奖两项、一等奖七项、二等奖三项，作品获奖数量远超往年。大学生电子科技协会组织大学生多次参与国家、省级电子设计领域专业竞赛，获一等奖十项、二等奖六项，科技创新成果显著。

第二章

思想政治类

学校目前共有思想政治类社团5个,涉及理论研究、文化传播等方面。此类社团以模拟参与、议事讨论等活动为主要载体,将思政课程与第二课堂融会贯通,对"大思政"建设起到有效补充作用。以先进思想为引领,以优秀青年学子为榜样,号召广大学生积极了解、体验、参与,打通高校思想政治工的"最后一公里",让思想政治工作更加深入贯彻到大学生活的全过程,不断扩大高校思想政治工作的覆盖面,切实提高广大学生的理论水平和实践能力。

【习近平新时代中国特色社会主义思想学习研究会】

一、基本信息

社团名称	习近平新时代中国特色社会主义思想学习研究会	社团类别	思想政治类
社团星级	5星级	指导单位	马克思主义学院
思政指导老师1名		专业指导教师1名	
组织架构	团支书、会长团、活动部、宣传部、学研部		

二、社团风貌

习近平新时代中国特色社会主义思想学习研究会成立于2017年,是一个深入学习研究习近平新时代中国特色社会主义思想的社团。协会一直坚持在"先学一步、先悟一步、先懂一步"上下功夫,及时传达习近平总书记重要讲话和指示批示精神,及时转发《人民日报》《求是》等党报党刊重要理论文章;举办专题讲座、知识竞赛,在理论学习上为学校师生搭平台、供素材、引方向、争前沿;开展读书会和心得分享,坚持静下心来读原著、学原文、悟原理,以研带学、以学促研;更新"习语青声"系列短视频,组织社会实践活动,以青年学生喜闻乐见的形式传播新思想。通过多年的学思悟行与实践担当,习近平新时代中国特色社会主义思想学习研究会搭建了线上线下全方位的学习、宣传体系,创新活动开展形式,不断扩大影响力,开辟高校思政类社团新境界。

三、特色活动

1. 党史学习系列教育讲座与知识竞赛

联合学校各部门等举办党史学习系列教育讲座、《民法典》与党史知识竞赛、抗疫知识等系列讲座,让新思想"入眼入脑,入耳入心",加强学生的理论学习,丰富学生的理论知识。年均开展大型活动5场,覆盖学生近2 000人。

2. 读书分享与实地调研考察活动

认真阅读、学习《习近平的七年知青岁月》等书籍,以小组汇报的形式进行阅读后的感悟与思考交流,并组织自贡井盐非遗文化调研实践队等开展实践活动,把理论学习与实践相融合,做到知行合一。

3. 更新"习语青声"系列短视频

以习近平新时代中国特色社会主义思想和党的十九大精神、二十大精神为主要内容,制作每集3～6分钟的短视频,生动活泼地解读新思想,在"西南交大习思会""扬华微语"等微信公众号、西南交通大学官微等媒体上展示,总浏览量近10万人次。

四、学生感悟

徐同学：在习近平新时代中国特色社会主义思想学习研究会,我感受到了成员们的热情和活力,也得到了许多学长学姐的关心和帮助,自己的理论基础也更加扎实了。从一次次的活动中,我深切体会到作为当代青年学生,一定要坚定理想信念,在习近平新时代中国特色社会主义思想的科学指引下,把个人命运融入国家发展,谱写我们青年一代的青春华章。

【大学生廉洁文化协会】

一、基本信息

社团名称	大学生廉洁文化协会	社团类别	思想政治类
社团星级	4星级	指导单位	纪律检查委员办公室（党委巡察办公室、监察处）
思政指导老师1名		专业指导教师1名	
组织架构	团支书、会长团、综合事务部、新闻宣传部、活动项目部、对外联络部、九里分部		

二、社团风貌

西南交通大学大学生廉洁文化协会成立于2019年9月,是一个旨在加强大学生廉洁教育、廉洁文化建设的社团。协会坚持以宣传风清正气、建设校园廉洁氛围为己任,培养和强化协会成员廉洁意识,不断提升协会成员的思想政治水平和开展廉洁教育的宣教能力,培养一批大学生廉洁教育学生骨干;进一步创新校园廉洁教育的方式和载体,努力将协会打造成为促进大学生廉洁文化学习、传播和研究的重要阵地;通过线上线下、校内校外相结合的方式,开展丰富多彩的大学生廉洁教育活动,传播、普及廉洁文化和知识。多年来,大学生廉洁文化协会引导大学生弘扬优秀的廉洁文化,坚定对中国反腐倡廉建设的信心,帮助青年学子树立公正、公平、自律、守纪、诚信、正义的廉洁理念。

三、特色活动

1. "崇廉尚德,无问西东"廉洁主题演讲比赛

与交通运输与物流学院事务中心共同举办"崇廉尚德,无问西东"廉洁主题演讲比赛,

选手们结合自身的经历来阐述自己对廉洁的理解,激励学生培养廉洁意识,在日常生活中严格规范自身行为。

2．"洁以养德,廉以修身"廉洁知识竞赛

举办"洁以养德,廉以修身"廉洁知识竞赛,以线上的方式进行,从反腐倡廉具体措施、廉洁建设方面来考查同学们对廉洁的认识,以赛促学,强化廉洁自律意识,为学校廉洁文化建设和构建风清气正的校园文化氛围增添青春色彩。

3．武侯祠廉洁文化基地参观

赴武侯祠廉洁文化基地学习诸葛亮为官清廉、生活俭朴、忠贞勤勉、执法公允、开诚布公、严于律己的优秀品质,用廉洁自律筑牢内心,修身笃行,自觉做廉洁自律的示范者、传播者、倡导者,为建设廉洁交大贡献自己的力量。

五、学生感悟

刘同学:协会通过举办廉洁方案征集、廉洁演讲比赛、廉洁大使等一系列活动,活动内容与大学生所学专业知识相结合,推动廉洁文化进校园,加深大学生对廉洁文化的理解,挖掘、丰富"廉洁"文化的内涵,为学校培养具有高度社会责任感、廉洁奉公的学生。

【国际关系研究会】

一、基本信息

社团名称	国际关系研究会	社团类别	思想政治类
社团星级	4星级	指导单位	利兹学院
思政指导教师1名		专业指导教师1名	
组织架构	团支书、会长团、研究部、模拟联合国中文部及英文部、对外事务部、办公室		

二、社团风貌

国际关系研究会成立于2006年,以"坐于室而见四海,处于今而论久远"为宗旨,带领交大学子了解国家大事、国际时事、错综复杂的国际关系,储备深厚的国际关系知识,树立更广阔的全球视野以及胸怀天下的高尚情怀。协会坚持构建和完善属于交大学子的国际政治研讨平台,培育思想深邃、目光长远、见识广博的交大学子;通过开展知识竞赛、风采展示、模拟联合国、校内国会角研讨会等方式,激发交大学子对国际关系理论类知识的兴趣,打破"国际关系晦涩难懂"的刻板印象;在世界大变局加速演进的今天,帮助我校学生从政治、经济、文化多个方面了解国际关系,深刻领悟"两个确立"的决定性意义,增强"四个意识",坚定"四个自信",做到"两个维护",以适应当前多元多变的国际社会,承担起中华民族伟大复兴的历史使命。

三、特色活动

1. "大国风采"展示活动

每年以理论知识学习和趣味性文化展示的方式开展,各参赛队伍通过自主学习,了解所代表国家的人文风俗,参与初赛的知识竞答和室内展示。经过初赛的选拔,参赛队伍在学校四食堂门口设置展位,展示、介绍多个国家的文化、风情。

2. 模拟联合国

模仿联合国及相关国际机构,依据其运作方式和议事原则,围绕国际上的热点问题召开会议,青年学生们扮演各个国家的外交官,以联合国会议的形式,围绕涉及和平与安全、人权、环境、贫穷与发展、货币政策、石油危机、全球化、公共卫生等系列议题,通过阐述观点、政策辩论、投票表决、作出决议等,熟悉联合国的运作方式,了解人类所面临的共同问题,思考自身能够发挥的作用。此活动已连续举办多届,不断提高学生的思维、分析、写作、演讲等多方面的能力。

四、学生感悟

何同学:模拟联合国活动是一次学术性与实践性并重的活动,参加活动之后,我的学习、生活逐渐丰富起来。在活动中,各位同学的语言功底令我折服,他们侃侃而谈、妙语连珠,让我对国际时事有了更加全面的认识。作为一个理工科的学生,我能够在以文科为主题的活动中展现自己的风采,很有获得感,自己的思维、口才等能力也得到了提高。

【大学生退役军人协会】

一、基本信息

社团名称	大学生退役军人协会	社团类别	思想政治类
社团星级	1星级	指导单位	党委人民武装部
思政指导老师1名		专业指导教师1名	
组织架构	团支书、会长团、训练部、宣传部、组织部、校园治安巡逻队、征兵工作宣讲团		

二、社团风貌

大学生退役军人协会成立于2020年9月,社团以退役大学生为主体,坚持"退役不褪志,退伍不褪色",使退役大学生永葆军人本色,继续发扬革命精神,弘扬爱国主义精神,增强学生国防观念。协会为退役大学生搭建交流的平台,引领退役大学生将爱国情、强国志转化为实际行动,使退役大学生能够在以后的学习、生活中保持良好作风,继续发光发热;定期开展必要的军事训练,每周、每月开展体能、队列、拳术、战术等集训,确保国

家需要时能"召之即来、来之能战、战之必胜";积极参与学校的各项工作,协助开展校园治安治理、学校征兵宣传、参与承办学生军训等工作。协会让学校退役军人在校园中重新找到了组织,时刻牢记军人的使命与担当,发扬"退伍不褪色、退役不退志、离军不离党"的精神。

三、特色活动

1."在军营里绽放的青春"——"青春榜样"爱国主义主题宣讲

联合学校党委人民武装部举办面向全校师生的国防知识宣讲,弘扬爱国主义精神,让同学们认识到锦绣繁华背后一路走来的艰辛,看到广大官兵负重前行的伟大品格,明白未来我们面对的是较为复杂的内外形势,激发大学生的爱国热情,提醒青年大学生必须内铸信仰、外练本领。

2."青春无悔,军魂永驻"退役大学生军人座谈会

利用退役大学生军人熟悉军队基本情况的有利条件,开展"青春无悔,军魂永驻"退役大学生军人主题座谈会,邀请退役大学生军人对学校的国防教育建言献策,围绕新生国防教育宣讲活动主题、退役大学生军人辅助做好军事课教学工作、开展学校国防教育活动三方面内容进行讨论。

四、学生感悟

陈同学:我们晚上经常看到西南交通大学退役军人协会夜间巡逻队的队员,他们每天晚上到商业街、校园路、宿舍园区等多个地点开展巡逻。看到他们,我们心里就能感觉到满满的安全感。他们步伐整齐,口号响亮,虽然已经退役,但是依旧展现出军人的风采,我们也相信他们的守护能给我们一个更安全的学习和生活环境,也激励我们好好学习,为祖国的建设贡献自己的力量。

【模拟政协协会】

一、基本信息

社团名称	模拟政协协会	社团类别	思想政治类
社团星级	3星级	指导单位	公共管理学院
思政指导教师1名		专业指导教师1名	
组织架构	团支书、会长团、办公部、宣传部、策划部、组织部、活动部		

二、社团风貌

西南交通大学模拟政协协会成立于2022年。人民政协是社会主义协商民主的重要渠道

和专门协商机构，为发展全过程人民民主贡献力量。党的二十大报告把发展全过程人民民主确定为中国式现代化本质要求的一项重要内容，要求"发展全过程人民民主，保障人民当家作主"。协会致力于让学生"深刻感悟中国特色社会主义制度优势，深化对全过程人民民主的理解和认同"，让全过程民主在学生心中生根发芽。协会模拟中国政协的运作方式，通过参与模拟会议、讨论议题、提出议案等活动，使他们对全过程人民民主有更为深刻的理解，加强对国家政治、社会、经济等问题的认识；邀请政府工作人员、专家学者等参与和指导，定期举办座谈会、讲座等活动，为学生们提供丰富的学术、实践和职业发展机会，提高成员的沟通、逻辑思维等综合能力。

三、特色活动

1．模拟政协议政活动

举办"模拟政协提案征集活动"，参与者扮演不同角色，通过模拟会议、提出议案、研究议题等活动来模拟政协内部的决策过程。活动打造了一个学生参与全过程人民民主、提升政治参与意识、锻炼政治参与能力的重要平台，引导学生深刻感悟中国特色社会主义制度优势，深化对全过程人民民主的理解和认同。

2．政治理论学习研讨活动

定期组织成员学习习近平新时代中国特色社会主义思想，学习党的二十大精神等内容，不断增强协会成员对民主协商的了解与认同。根据自己的兴趣和专业领域选择议题，并围绕这些议题展开讨论，提出建议和解决方案，使学生们将理论知识与实践相结合，培养实践应用能力。

四、学生感悟

张同学：作为一名大学生，我们必须不断学习和提高自己的文化素养，不断增强自身的使命感，为社会发展贡献自己的力量。我们需要关注人民的生活，关注国家的发展，争取提出建设性的意见和建议，为国家的发展贡献自己的力量。在活动中，我还学会了如何与人沟通。在讨论中，需要听取不同的意见和建议，尊重每个人的观点，同时也需要表达自己的看法。

第三章

学术科创类

学校目前共有学术科创类社团 33 个，涉及数学、计算机、交运、土木等多个学科，涵盖天文、科幻、心理等多个领域，旨在将专业与实践相结合、理论与实践相统一，培养学生的实践操作能力，让学生在科创交流中实现知识共享，在科创竞赛中实现知识应用，真正做到知行合一。

从朋辈知识交流讲座到科创赛事解题、从社团文化展演到赛事组队集训，从学生喜闻乐见的科创活动到具有应用价值的 A 类学科竞赛，学术科创类社团牵头参与各类竞赛百余项，代表学校参与多项赛事并获得荣誉千余个。2021 年，数学建模协会成员力捧本科组唯一的最高奖项——"高教社杯"，在本科组 45 075 支队伍中位列全国第一，这是西南交通大学在该赛开赛 30 年以来、设置最高奖项 23 年以来首次获此殊荣。2023 年，我校科幻协会荣获中国科幻最高奖——第 34 届科幻银河奖最佳科幻团体奖。

【大学生心理学会】

一、基本信息

社团名称	大学生心理学会	社团类别	学术科创类
社团星级	4 星级	指导单位	心理研究与咨询中心
思政指导教师 1 名		专业指导教师 1 名	
组织架构	团支书、会长团、办公室、运营部、活动部、学术咨询部、情景剧团、九里分会		

二、社团风貌

大学生心理学会成立于 1996 年 6 月 9 日，以"让健康者更健康、让困惑者能够得到及时帮助"为宗旨，以独具心理特色的活动为载体，将关爱大学生心理健康教育为己任，用心理障碍的识别、心理问题的应对、朋辈心理辅导的技巧等实用性内容，帮助大学生学习心理学相关知识，进一步加强和改进大学生心理健康教育工作，宣传心理健康教育知识，关注大学生心理卫生与保健，着力培养大学生心理健康辅导队伍，积极构建和完善社会心理服务体系，培育其自尊自信、理性平和、积极向上的社会心态。

三、特色活动

1. 朋辈心理辅导

当今大学生心理健康教育已经成为大学生教育的重要内容。为了落实大学生心理健康教育，关注大学生心理健康，社团定期开展"朋辈心理辅导大赛"，并将其纳入"第二课堂"精品库项目，至今已连续开展 10 年以上。该活动以比赛的形式开展，以情景剧的形式展现，旨在培养大学生进行心理疏导的能力，激发和调动广大青年对朋辈心理辅导活动的积极性，引导更多大学生关注心理健康问题。

2．特色团日活动

大学生心理学会将心理学与党史学习有机结合，以观看影视经典电影的形式，由主持人对革命先烈的心理状态进行分析，激励所有成员不忘初心、牢记使命。在特色团日活动过程中，参与者能更加深刻地感受到革命先烈的经历、崇高的信仰，对党史也有了更深刻的理解。

3．子弟小学心理班会课

为了帮助青少年儿童养成积极的思维和行为习惯，提升认知层次，协会定期在交大九里校区的子弟小学开展校外咨询，以班会课的形式，分享心理小故事，带着学生们从故事中明理悟道、学习辩证思维与正向表达的思维方式，引导他们通过每天的亲身感悟，在生活中积极察觉、认识、接受自己的负面情绪，并通过不断调整与改变，发掘积极的心理潜能，体验不一样的自己，促进心理健康发展。活动累计惠及青少年儿童100余人。

四、学生感悟

杨同学：大学生心理学会举办的活动充分关注当代大学生在学习、生活中的心理健康问题，立足于培养当代大学生树立正确的世界观、人生观、价值观，立足于培育当代大学生的心理技能、自我调节能力等，能够让大学生更好地适应社会。在朋辈心理辅导大赛、宣传画大赛、心理讲座、校外咨询活动等特色活动中，学会一直充分关注大学生的心理需求。在参加活动的过程中，我可以学习心理知识，提升技能，努力成为一个对社会有价值的人。

【中医药文化与健康协会】

一、基本信息

社团名称	中医药文化与健康协会	社团类别	学术科创类
社团星级	4星级	指导单位	生命科学与工程学院
思政指导教师1名		专业指导教师1名	
组织架构	团支书、会长团、办公室、宣传部、实践部、学术部		

二、社团风貌

西南交通大学中医药文化与健康协会成立于2005年，始终坚守"弘扬国药传统文化，享受健康美丽人生"的初心，以普及中医药文化知识、关注学生健康为社团发展目标，吸引更多师生关注中医药文化知识，培养师生对中医药文化的兴趣，努力提高师生对健康的认识。

协会始终贯彻落实习近平新时代中国特色社会主义思想，遵循《高校思想政治工作质量提升工程实施纲要》文件精神，将习近平总书记提出的"因事而化、因时而进、因势而新"的相关理论内化于心、外化于行。协会结合学校实际，开展了"减肥大赛""中医药知识趣味竞答""传统文化体验周"等系列活动，将特色中医药文化与学生活动相结合，以独具特色的活动形式吸引同学们积极参加活动并体验神奇的中医药文化，传播中医药相关知识。

三、特色活动

1. 健康减肥大赛

健康减肥大赛已经成功举办了10届，是协会的标志性活动。大赛以运动健身、均衡饮食为理念，向全校师生宣传科学的减肥方式，让同学们能在活动过程中进一步了解科学的锻炼方法，养成良好的生活习惯。活动以比赛的形式开展，比赛的成绩就是活动过程中的减脂重量。这样的活动形式直观明了，引导大学生关注身体素质，走出宿舍，锻炼身体，激发了锻炼的积极性。

2. 中药知识趣味竞答

为了宣传中医药传统文化，中医药文化与健康协会开展了中药知识趣味竞答活动。该活动以寓教于乐的竞赛形式开展，通过一系列知识分享、趣味抢答、实物分辨等活动，让大家在体验制作药材包、誊写药方等过程中学习知识、运用知识。

四、学生感悟

李同学：中医药文化与健康协会是一个非常团结友爱的社团，在社团开展的制作药包、书签等一系列特色活动中，我了解了许多中医药知识。同时，在社团中，我也交到了许多好朋友，学到了许多道理与技巧，感受到了同学们给我带来的温暖，也让我更加成熟，希望协会越来越好。

【研究生心理学会】

一、基本信息

社团名称	研究生心理学会	社团类别	学术科创类
社团星级	3星级	指导单位	心理研究与咨询中心
思政指导教师1名		专业指导教师1名	
组织架构	团支书、会长团、心力部、外联部、事务部、宣传部、学术部		

二、社团风貌

西南交通大学研究生心理学会成立于2006年，始终践行健康第一的教育理念，把解决学生心理问题与解决学生成才发展的实际问题相结合，促进学生身心健康。学会以研究生为目标对象，在当今研究生心理问题频发的情况下，提供专业的心理咨询和讲座、多元化的课外素质拓展活动等，在丰富研究生课余生活的同时，通过心理健康知识的普及等来引导研究

生树立正确的价值观,提高其心理素质和自我调节能力,促进其人格完善,实现研究生身体健康和心理健康协调发展。

学会的活动丰富多样,既有安静的观影和"树洞"活动,也有素质拓展游戏,还有思维碰撞活动,与大学生的兴趣、爱好高度契合。大家不仅可以释放学业压力,提高情绪管理和人际沟通能力,交到志同道合的朋友,还可以学习相关心理知识,及时发现自己存在的心理问题。

三、特色活动

"价值拍卖"活动

"价值拍卖"以其简单的设计、轻松愉快的游戏方式,让人在娱乐中释放压力、缓解疲劳、调节情绪,是心理学方法与游戏的有效结合。无论是在工作中还是在生活中,同学们总会面临来自方方面面的压力,会面临许多选择与诱惑。"价值拍卖"活动给同学们提供一个认真思考的机会,不仅可以激发同学们思考自己的价值观念,学会抓住机会,不轻易放弃,还可以帮助同学们审视自己的人生态度。"价值拍卖"这一过程,就是让大家反省自己的生活,对自己的行为负责,从而"澄清"自己的价值观,避免价值认识上的混乱。在集体情境中,同学们共同讨论,经过一系列互动活动来达到主动学习、自我评估、自我改进的目的。

四、学生感悟

王同学:在人的一生中,无论是工作还是生活,总会面临来自方方面面的压力,会面临许多选择与诱惑。研究生心理学会举办的"价值拍卖"活动不仅激发同学们思考自己的价值观念,学会抓住机会,不轻言放弃,而且可以帮助同学们审视自己的人生态度。

【数学建模协会】

一、基本信息

社团名称	数学建模协会	社团类别	学术科创类
社团星级	5星级	指导单位	数学学院
思政指导教师1名		专业指导教师1名	
组织架构	团支部、会长团、办公室、新媒体部门、活动部、学术部、外联部、市调部		

二、社团风貌

数学建模协会成立于1999年,至今有近1 000名会员,是交大最具影响力和号召力的社团之一,先后获得西南交通大学校团委、学生社团管理服务中心授予的"五星社团""十佳社团"等称号。数学建模协会本着"提高建模水平,发扬创新精神"的宗旨,为学校选拔、培养优秀建模人才。社团以丰富的活动作为载体,以推广建模兴趣、促进建模发展为己任,面向全体学生做好建模相关赛事的准备工作,先后获得"五一高校建模联赛优秀组织奖""四川省百佳魅力社团"等荣誉称号,被评为国家级水平科技创新团队。协会培养了一大批优秀的建模比赛人才,在众多省级、国家级、国际级的大型比赛中取得了优异成绩。

三、特色活动

1. 开展数学建模竞赛讲座,提升大学生建模水平

学科竞赛已经成为大学生教育的重要一环。为了促进大学生的数理教育,协会开展了多次数学建模讲座、经验分享会,培养大学生之间分工合作完成竞赛项目的能力,解决成员的建模问题,提高建模水平;提高创新意识和创新能力,提高成员快速获取信息和资料的能力,锻炼快速了解并掌握新知识的技能;培养团队精神和团队意识,助力广大学生提高学习能力和竞争力。

2. 承办各类数学建模、市场调研竞赛

协会承办包括"高教杯"在内的各类数学建模、市场调研竞赛,在赛前答疑、组队报名、结果统计等环节起到了重要作用,年均报名1 500余队,覆盖4 500人次左右,参与指导教师人数达13人。2021年,我校队伍获得本科组唯一的最高奖项——"高教社杯",这是西南交通大学在该赛开赛30年、设置最高奖项23年以来首次获此殊荣。

四、学生感悟

赵同学:数学建模协会结合了学生的客观实际,充分考虑了大家对数学的热情,使每一位学生都有一个充分展示自我的舞台,对个人的数学素养、数学思维的锻炼是极为有利的。可以说,每位成员在建模协会既能学到知识,又能享受数学的独特趣味。数学建模协会吸收全校数学建模爱好者,组织开展一系列活动,对会员进行数学建模的长期指导和经验交流以及培训,提高大家对数学建模的认识水平,增强团队合作意识,使我校能在全国大学生数学建模竞赛中取得更加优异的成绩。

【交通运输科技协会】

一、基本信息

社团名称	交通运输科技协会	社团类别	学术科创类
社团星级	5星级	指导单位	交通运输与物流学院
思政指导教师1名		专业指导教师1名	
组织架构	团支书、会长团、办公室、学术部、活动部、宣传部、外联部		

二、社团风貌

交通运输科技协会成立于2008年,是以交通运输学科为立足点、以交通学术前沿领域和

兴趣为导向的校级学术科技类社团。协会不仅面向交运学科方面的学术精英，积累交通运输方面的优势学术资源，作为学生社团，还招纳来自不同学院的有志之士和交通爱好者，在近年的活动与发展中陆续被评为"五星社团"与"十佳学生社团"。协会依托我校交通运输工程的学科优势，致力于交通运输领域的学术发展，承办交通科技大赛，普及交通行业知识，进行交通文化的建设，不断强化西南交通大学鲜明的交通特色。

三、特色活动

1. 承办交通科技大赛，为交大的交运科创助力

承办校级交通科技大赛是协会每年的重要工作，引导更多的同学走进交通科创、了解交通科创、爱上交通科创。在第十六届全国大学生交通运输科技大赛决赛中，西南交通大学 4 支参赛队载誉而归，共获得全国一等奖 2 项、二等奖 1 项、三等奖 1 项，所获奖项级别与获奖总数均位居全国前列，同时创造了学校自参与该比赛以来取得的最佳成绩。

2. 走访铁路单位，进行"三下乡"社会实践

在"交通强国，铁路先行"的号召下，协会每年组织与铁路交通相关的"三下乡"社会实践活动。协会实践队伍的足迹遍布佛山、南京、哈尔滨、昆明等地。成员每年都会利用暑假时间与地铁、路局或地方铁路公司对接，走进基层单位，感受轨道交通的历史发展与前沿技术。

四、学生感悟

郁同学：交通运输科技协会每年都会举办交通科技大赛。这里汇聚了来自各个领域的交通爱好者，是同学们交流、增进交通知识的好团体。社团也会不定期邀请专家学者开设讲座，普及交通知识，"三下乡"活动同样使人印象深刻。交通科技协会致力于培育同学们在交通方面的兴趣爱好，与学校本身的专业特色相契合。大家可以分享自己的所见所闻，社团组织的主题活动也为同学们提供了一个更加广阔、更加专业的平台。

【测量协会】

一、基本信息

社团名称	测量协会	社团类别	学术科创类
社团星级	4 星级	指导单位	地球科学与环境工程学院
思政指导教师 1 名		专业指导教师 1 名	
组织架构	团支书、会长团、办公室、运营部、宣传部、活动部、外联部、考核策划部		

二、社团风貌

测量协会成立于 2003 年，立足"测山川之行以知理，量地岳之貌而晓义"的理念，着

力帮助会员了解测绘科学技术专业知识，搭建宣传测绘学科的平台，努力推动测绘学科建设，旨在打造课堂知识与行业应用相结合的实践平台，搭建校园文化与社会需求相接轨的桥梁，助力交大"双一流"建设。测量协会立足校园、服务校园，促进师生交流，丰富会员的大学生活。自成立以来，测量协会凭借丰富的内外部活动，连续多年荣获"西南交通大学明星社团""四星级社团""西南交通大学十佳社团"称号。跟进本科教学，在实践中求真知，通过直接感性的科研实践活动检验同学们的专业知识与实践拓展能力，帮助同学们在实践中熟练掌握测量技能知识，将课堂上所学的理论知识与实际操作相联系，培养学生独立解决现实问题的能力；通过举办测绘领域前沿知识讲座，提高同学们的科研创新能力，促进其对专业知识的理解。

三、特色活动

1. 测量技能培训

测量技能培训，一方面是培训协会成员，使其学会使用测量仪器，掌握测量知识；另一方面，对测量大赛的参赛选手进行仪器基本操作以及比赛流程方面的培训。除实践环节外，还有竞赛实操经验分享，坚持理论讲解与参与者实操相结合，让参与者从被动接受转变为主动完成，提高动手能力。

2. 测绘技能大赛

比赛分四等水准测量、光电二维导线测量、1∶500地形图测绘三项比赛，选手分为专业组、普通组、新秀组三类。对外宣传测绘人科学严谨、吃苦耐劳的行业精神，扩大测绘行业的知名度；对内为广大本科生提供平台，培养其专业素养，激发其专业热情，培养大家的团队合作精神，磨炼意志，提高心理素质。

3.《测绘法》知识竞赛

为了响应国家自然资源部的号召，在高校宣传《测绘法》《保密法》相关知识。开展《测绘法》知识竞赛，通过竞赛调动同学们学习相关法律法规的积极性，同时增加趣味性。对于非工科类专业的参与者，该活动也能起到很好的科普作用。

四、学生感悟

潘同学：测量协会举办了《测绘法》知识竞赛、测绘技能大赛等科创比赛，增进了同学们对四川省、全国大学生测绘技能竞赛比赛规则的了解，增强了协会会员在大赛中的竞争力；组织水准仪、全站仪等测量仪器的培训，为协会会员提供了自己动手实践的机会，促进协会会员对课内专业知识的学习，提高了协会会员的专业素养，使会员对测绘科学与技术专业知识有深入的了解。此外，测量协会还举行了具有部门特色的培训活动，如外联部主持人培训。这些培训活动既丰富了我们的社团生活，也让我们能够在课堂之外掌握一项技能。总之，在测量协会这个和谐的大家庭里，大家互相帮助、共同进步，给我的大学生活留下了浓墨重彩的一笔。

【基础数学协会】

一、基本信息

社团名称	基础数学协会	社团类别	学术科创类
社团星级	3星级	指导单位	数学学院
思政指导教师 1 名		专业指导教师 1 名	
组织架构	团支书、会长团、外联部、学术部、活动部、宣传部、顾问部		

二、社团风貌

基础数学协会建立于 2010 年，对内有"两个传统"：追求优秀、关爱会员；对外有"两个宗旨"：为爱好数学的同学提供交流平台，为交大的学风建设作出贡献。数学协会致力于在全校营造良好的数学学习氛围，提高全校同学的数学水平与数学素养，摒弃高中时期的"刷题"思维，着眼于对数学本质的思考与探究。同时，关注数学与其他学科的交叉研究，体会学科融合带来的乐趣。

三、特色活动

1．开展趣味数学竞赛，提高学生数学兴趣

兴趣是学习过程中最好的老师。在中学时代，大家认为数学好难，做题枯燥乏味。西南交通大学基础数学协会举办趣味数学竞赛，让许多同学了解到数学还有有趣的一面，让更多的同学对数学产生兴趣，提高了同学们学习的积极性。活动累计举办超过 20 期，参与人数达千余人。

2．开展高数答疑，解决日常学习问题

"高等数学"是一门专业基础课程，许多学生在学习过程中会产生疑惑。协会成员会在 QQ 群里进行答疑，解决同学们的问题。同时，在期中、期末复习阶段会开展高等数学答疑会，邀请数学学院的老师进行讲解，解决同学们在高等数学学习过程中产生的疑惑。

3．定期开展软件培训，促进学生成长

随着科学技术的不断进步，许多软件应运而生，许多问题需要通过软件来解决。协会经常开展软件使用方面的培训，让同学们了解软件并熟练使用，不断提高个人解决数学问题的能力。

四、学生感悟

张同学：基础数学协会通过举办趣味数学竞赛、期中期末高等数学答疑活动等一系列社团活动，积极践行教育人、锻炼人、鼓舞人的宗旨，致力于向全校同学普及数学有关知识。与此同时，提高同学们的综合素质。通过举办有关数学学术方面的活动，加深同学们对数学的认识，激发同学们学习数学的热情，探究数学的奥妙。

【投资理财协会】

一、基本信息

社团名称	投资理财协会	社团类别	学术科创类
社团星级	3星级	指导单位	经济管理学院
思政指导教师1名		专业指导教师1名	
组织架构	团支书、会长团、投资部、实践部、行政部、宣传部		

二、社团风貌

西南交通大学投资理财协会成立于2007年，以独具特色的活动为载体，向大学生传播正确的投资理念，传授科学合理的投资技巧，帮助大学生学习相关理财知识。协会以加强大学生投资理财知识宣传工作，培养大学生的财商，构建和完善大学生投资理财体系，培养大学生自尊自信、理性平和、积极向上的心态为己任，开展了以线上线下、校内校外相结合的"投资理财系列讲座"、校外实操活动、模拟炒股大赛等一系列活动，融入风险识别、风险应对技巧等实用性内容，提高大学生的学习能力和竞争力，让同学们在活动中学习投资理财相关知识，增长投资技能。

三、特色活动

线上模拟炒股大赛

为了提高同学们对金融知识的应用能力，协会定期举办模拟炒股大赛，并开设宣讲会，邀请业内人士为同学们讲解股市知识与基本操作方法。通过模拟炒股，同学们能够在实际操作中熟悉交易规则，提高个股选股水平，建立操作方法体系，学会止盈止损。

四、学生感悟

李同学：投资理财协会所举办的活动充分培养了当代大学生在校生活的投资理财能力，有利于当代大学生更好地适应社会。在参加"东方财富杯"模拟炒股大赛等协会特色活动后，我学会了许多基础的理财知识，强化了我的理财观念，有效地提升了我的资金处置能力。

【ACM 协会】

一、基本信息

社团名称	ACM 协会	社团类别	学术科创类
社团星级	3 星级	指导单位	计算机与人工智能学院
思政指导教师 1 名		专业指导教师 1 名	
组织架构	团支书、会长团、办公室、宣传部、活动部、集训队、外联部		

二、社团风貌

西南交通大学 ACM 协会成立于 2014 年,是在计算机与人工智能学院的指导下,由喜欢计算机科学与技术、算法设计与编程的大学生共同创办的社团。协会以技术分享与进步为宗旨,秉承自由、创新、天道酬勤、互帮互助的精神,为我校热爱编程和研究算法的同学建立一个氛围良好的交流、锻炼平台。

算法是数字技术的基础。为提高大学生的算法水平,激发大学生对数字技术的兴趣,增强广大学生的编程技能与应用计算机解决问题的能力、团队合作能力,协会组织线上线下相结合的活动竞赛,平均每年开展朋辈分享会、ACM 竞赛培训、ACM 新秀杯、ACM 校赛等系列活动 5 次以上,培养低年级学生在程序设计方面的兴趣,增强编程能力,锻炼逻辑思维,也在一定程度上扩大了我校 ACM 程序设计竞赛的影响力。

三、特色活动

1. 开展朋辈分享会

为了提高西南交通大学 ACM 算法竞赛在全国高校的竞争力,协会举办算法专题分享、智联万象系列讲座,不断提高同学们对相关知识点的理解,突破重难点,从而提高竞争力。除了讲解知识,协会在知名的竞赛网站上举办多次训练赛,模拟比赛真实情况,提高选手水平,年均服务学生近千人。

2. 组织参加算法竞赛

为了深入学习贯彻习近平总书记关于科技强国的重要思想,ACM 协会每年组织同学们参加国际大学生程序设计竞赛、中国大学生程序设计竞赛、团体程序设计天梯赛、西南交通大学新秀杯、西南交通大学校赛等重要赛事。在竞赛过程中,同学们相互配合,不仅展现出自身的能力、水平,而且彰显了合作共赢的团队精神。协会成员年均获得包括国家级在内的各类奖项超过 60 项。

3. 将算法设计融入生活

协会以宣传交大、服务交大为根本任务,以提高同学们的爱校热情为主要目的,让同学们了解交大百年声色华光,感受校史的深厚底蕴,认知交大精神,让"交大梦"深入人心,为谱写自己的"跬实扬华"梦打好基础。ACM协会作为协办方,在"交大历险记"活动中,将算法中的递归思想融入"汉诺塔"小游戏设计中,在游戏中激发学生对算法的兴趣。

四、学生感悟

张同学:ACM举办的活动可以帮助新手提前演练在ACM竞赛中可能遇到的难度极大的问题,通过讲述训练方法和实用技巧,帮助大家快速提高水平,以便更好地应对各大程序设计竞赛。A类竞赛中有4项程序设计竞赛与ACM协会密切相关,是全校涉及最多A类竞赛的协会。在朋辈分享会、ACM竞赛培训、ACM新秀杯、ACM校赛、交大历险记等特色活动中,我看到身边的同学和我一样对算法知识充满兴趣。在参加活动的过程中,我不断学习算法知识、提升技能,并且与其他成员结下了深厚的友谊,收获满满。

【大学生法律协会】

一、基本信息

社团名称	大学生法律协会	社团类别	学术科创类
社团星级	3星级	指导单位	公共管理学院
思政指导教师1名		专业指导教师1名	
组织架构	团支书、会长团、普法宣传部、文字宣传部、活动部、办公室		

二、社团风貌

西南交通大学大学生法律协会是在公共管理学院指导下的学术性学生社团,坚持以"普及法律知识,发扬法律文化,弘扬法律精神"为宗旨,致力于让大学生了解更多的法律知识,提高法律方面的实践经验和能力,做到知法、懂法、守法。协会立足校园,以线上线下、校内校外相结合的活动方式,开展了模拟法庭竞赛、"学宪法 讲宪法"知识竞赛、演讲比赛以及社会法律纠纷情景剧演绎大赛等一系列活动,让同学们在活动中学习法律相关知识,加强对法律的实际运用能力,丰富大学校园生活,提高同学们的综合素质。

协会助力学校法治文化建设,加强青少年法治教育,壮大普法力量,不断提高大学生运用法律武器的能力;强化遵纪守法意识,推动法律普及、实践工作的开展,有助于营造知法守法、学法用法的良好氛围,展现新时代大学生昂扬向上的精神风貌。

三、特色活动

1. 社会法律纠纷情景剧大赛

大学生法律协会紧跟时代步伐,开展了"社会法律纠纷情景剧大赛"特色活动,通过情景剧演出的趣味形式,引导同学们关注现实生活中的热点问题,帮助同学们学习了解许多法律知

识。生动的普法形式能够有效发挥警示作用，提醒同学们增强自我保护意识，引导同学们学会抵制不良诱惑，了解、掌握和自己生活密切相关的法律基础知识，增强法律意识。

2．模拟法庭大赛

为了激发广大同学学习法律的兴趣和热情，增强法律意识，提高法制宣传教育工作的吸引力、感染力和影响力，同时给同学们提供一个展现独特风采与法律知识应用能力的舞台，大学生法律协会开展了模拟法庭竞赛活动。活动旨在通过同学们的自身实践，了解、熟悉法庭审理案件的流程和细节，拓宽同学们的视野，锻炼同学们的庭审语言表达能力，提高综合素质。

四、学生感悟

王同学：通过参加社会法律纠纷情景剧大赛、模拟法庭大赛等活动，我学习了一系列法律法规，明白了法律的真正意义。良好的法律必须能够充分表达民意，只有如此，社会成员才会对法律产生高度认同，才能认识到法律并不是约束自己行为的羁绊，而是保护公民各种权利的手段。作为大学生，我们在学校学习时要严格遵守学校的校纪校规，为以后步入社会做好准备。

【交大 PPT 协会】

一、基本信息

社团名称	交大 PPT 协会	社团类别	学术科创类
社团星级	3 星级	指导单位	科学技术发展研究院
思政指导教师 1 名		专业指导教师 1 名	
组织架构	团支书、会长团、精进 A 组、精进 B 组、精进 C 组		

二、社团风貌

交大 PPT 协会成立于 2016 年，是以"服务交大师生，共同提升 PPT 水平"为宗旨，积极营造浓厚的学术氛围，为 PPT 爱好者提供互相交流的平台，促进青年学生德智体美劳全面发展的社团。协会聚焦于学生必备的工作技能，举办了许多相关的讲座与竞赛，激发学生的兴趣，促进学生掌握工作技能，提高综合素质能力。基于学校特色与实际需要，协会制作了许多实用且广受好评的 PPT 模板、PPT 学习指导手册等供全校师生使用，获得了一致好评。

结合实际，交大 PPT 协会开展了"PPT 制作系列讲座""交大二十四节气图"海报制作、"一页 PPT 制作大赛"系列比赛和朋辈 PPT 技能大赛等一系列活动，融入 PPT 制作魅力、PPT 问题处理、朋辈 PPT 辅导技巧等实用性内容，让同学们在活动中学习 PPT 相关知识，增长 PPT 制作技能。

三、特色活动

"交大情、交大味"PPT 模板制作

结合学校历史与特色,协会开展了"交大情、交大味"交大 PPT 模板制作活动,让同学们在制作包含交大元素的 PPT 模板的过程中,了解我校历史,提升 PPT 制作水平。优秀模板的制作传播,能够有效提高我校 PPT 制作能力和水准,同时能够进一步宣传交大特色文化,增强师生的爱校荣校感情。

四、学生感悟

司同学:通过参加 PPT 协会举办的活动,我的 PPT 制作水平与能力有了很大的提升。PPT 已成为职场生活中不可缺少的一部分。它以文字、图形、色彩与动画的方式,将需要表达的内容直观、形象地展示给他人,能够加深表述的影响力。社团也开展许多有意义的活动,不仅提高了我的审美水平和 PPT 制作能力,还结交了许多志同道合的朋友。协会共享各种各样的资源,提供了一个广阔的平台,让更多热爱制作 PPT 的同学都能发光发热。

【大学生生命科学学会】

一、基本信息

社团名称	大学生生命科学学会	社团类别	学术科创类
社团星级	3星级	指导单位	生命科学与工程学院
思政指导教师1名		专业指导教师1名	
组织架构	团支书、会长团、科创部、前沿部、事务部、宣传部		

二、社团风貌

西南交通大学大学生生命科学学会是一个成立于 2016 年的充满蓬勃生机的社团,是由对生命科学有共同爱好的大学生自发结成并建立的学术科技性社团组织。社团积极促进大学生对生命科学的了解和认识,激发同学们对生命科学的热爱。

学会坚持以人为本,服务广大学生,以普及生命知识、促进创新研究、提供交流平台等一系列有利于学生综合发展与校园科学氛围营造为目标,开展了一系列具有意义的活动。对于大学生而言,不仅需要完成相关专业课程的学习,了解学科情况,也需要掌握自身专业以外其他必备的知识与技能。学会作为沟通交流的平台,有效地促进了大学生全面发展,展现了大学生良好的思想与科研风貌。

三、特色活动

1. 微生物实验摄影大赛

作为学会的特色活动,微生物实验摄影大赛得到了许多同学的喜爱与好评。活动不仅有对实验过程的摄影,还包含微生物培养。参与者会在实验室培养微生物,利用菌落绘制出自己心仪的图案,随后将自己的作品定格记录,留作纪念。活动富有趣味性,寓教于乐,既满足了同学们对生物科学的喜爱和探索欲,也普及了微生物学知识、实验操作技巧与规范。

2. 生命趣味实验

秉承对生命科学的热爱和探索精神,学会举办了许多生命趣味实验,如实验"维生素C的定量测量"等,为同学们提供动手实践的机会,激发大家对生命科学的学习兴趣。学会提倡开放性思维,注重理论联系实践,提高大学生的实践创新能力,助力大学生全面发展。

四、学生感悟

谢同学:参加微生物实验摄影大赛,我培养了一个自己喜欢的形状的菌落,了解了培养过程中的注意事项,实际动手进行培养,并用相机定格了属于自己的菌落。在这个过程中,我学会了很多知识,也进行了实际操作,看到菌落从无到有,从一个点到最后的自定义形状,带给我的成就感和自豪感是无与伦比的。通过对微生物的可视化操作,我对生命有了另一种层面的认识与思考。

【计算机与网络科技协会】

一、基本信息

社团名称	计算机与网络科技协会	社团类别	学术科创类
社团星级	3星级	指导单位	电气工程学院
思政指导教师1名		专业指导教师1名	
组织架构	团支书、会长团、办公部、技术部、活动部、宣传部、涉外部		

二、社团风貌

计算机与网络科技协会以"科普网络知识,传授计算机知识"为宗旨,向在校学生普及计算机与网络相关知识,既讲解当下热门前沿的计算机与网络知识,也解答大家在日常生活学习中常常会遇到的相关问题。协会希望能够为交大同学服务,为社会作贡献,为交大复兴贡献自己的一份力量。社团以"推动计算机红利的广泛传播"为己任,在众多不同背景的学生和计算机科学与网络技术专业领域之间搭建桥梁,营造更具灵活性、普适性的入门级别的教学平台。

三、特色活动

1. 开展技术交流活动，回应优质编程技术诉求

协会创立的初心就是帮助有志于投身于计算机领域与信息类学科领域的同学们掌握计算机基础知识，分享计算机学习方法与资源。以C语言基础编程方法讲座为形式，打造短周期、全覆盖，以广度为主、深度为辅的计算机领域知识分享平台，即使零基础的低年级学生，只要有学习兴趣也能快速入门。协会累计开展活动20余次，惠及各专业学生千余人。

2. 以赛促学，注重实践，扎实提升计算机网络素养

计算机与网络科技协会旨在帮助同学们更好地了解、掌握计算机知识与技能，通过开展"技术授课""团队竞赛"等活动，让更多的同学认识到计算机在当今社会发展中的重要性，学会如何用计算机来处理学习、生活中遇到的问题，助力非计算机专业的同学开展学习交流，避免因为信息差导致学习资源不对等的问题，提高同学们利用网络学习的能力。

四、学生感悟

向同学：计算机与网络科技协会举办的活动充分考虑了当代大学生对计算机科学的兴趣。社团通过举办专业知识讲座等形式多样的活动，培养社团成员对计算机科学的兴趣，提高大家的专业知识水平和实际操作能力。

【环境协会】

一、基本信息

社团名称	环境协会	社团类别	学术科创类
社团星级	5星级	指导单位	地球科学与环境工程学院
思政指导教师1名		专业指导教师1名	
组织架构	团支书、会长团、外联部、宣传部、科研部、办公部		

二、社团风貌

环境协会成立于2015年9月，自成立以来，一直以"环境保护与可持续发展"为宗旨，并在发展过程中形成了发挥专业优势、从我做起爱护环境、维护生态可持续发展、走全民环保的发展理念，大量与环境相关的前沿知识和资源为专业学习提供了保障。在全社会关心生态建设的环境和背景下，协会以宣传和实践的形式宣传协会文化，以实际参与来传承协会文化。以"绿色环保"为主题，引导本校学生关注环保现状，了解环保知识，落实环保理念，倡导环境保护，增强绿色文明意识和可持续发展意识，积极投身国家生态建设和环境保护。

三、特色活动

1．开展校园生活垃圾分类实施方案设计大赛

随着《成都市生活垃圾管理条例》的推行,成都将进一步加强生活垃圾管理,实行生活垃圾分类制度,改善人居环境,维护生态安全。根据《条例》"总则"第八条"产生生活垃圾的单位、家庭、和个人应当依法承担垃圾产生者的责任,树立环境保护意识,减少产生生活垃圾,按规定分类投放生活垃圾,遵守生活垃圾投放有关规定",协会有针对性地开展竞赛,希望从经济性和适用性出发设计出方案,建设美丽校园。

2．开展环保画册评选,鼓励大家积极加入环保行动

为了鼓励大家积极加入环保行列,环境协会开展了环保画册评选活动。该活动鼓励参赛者直抒胸臆,用作画的形式表现自己对活动主题的理解与感悟。同学们通过使用废弃材料制作二维、三维作品,表达自己对"人类命运共同体"的关注,对弱小群体的关心、对自己的深层认识。自开赛以来,已征集作品超200幅,受到广泛好评。

3．开展消防安全与环保知识竞赛

消防安全与环保知识竞赛包括对消防安全与环境知识的一系列宣传教育活动。该项活动旨在提升消防安全知识与环保知识,提高学校师生实验室消防安全意识。活动结束之后建立长效机制,使全校师生在注重教学科研的同时,更加关注学校消防安全问题与校园环境问题,关注师生的职业健康问题,形成"安全第一""践行绿色"的学校文化氛围。

五、学生感悟

朱同学：环境协会通过举办环保画册、环保知识竞赛、净水装置以及各类讲座等一系列丰富多彩的环保类科普活动,积极践行教育人、锻炼人、鼓舞人的宗旨,致力于向全校同学普及环保知识,增强同学们的环保意识,帮助同学们解决日常生活中与环境保护有关的问题,增强同学们"保护环境,人人有责"的意识。

【化学协会】

一、基本信息

社团名称	化学协会	社团类别	学术科创类
社团星级	4星级	指导单位	生命科学与工程学院
思政指导教师1名		专业指导教师1名	
组织架构	团支书、会长团、综合办公室、组织实践部、媒体事务部、活动外联部		

二、社团风貌

化学协会成立于 2014 年，在我校生命科学与工程学院的指导下，由爱好化学、热爱生活的大学生组成。化学协会以提高学生的学术水平和创新意识为宗旨，以宣传普及化学知识为目标，致力于为广大学生提供良好的学习环境和交流平台，培养创新意识，提高实践能力，同时向其他专业的同学普及化学常识，使其了解化学专业的研究内容，感悟学科魅力。

三、特色活动

1．举办"出神入化"化学知识竞赛——拓宽学术视野，培养专业素养

为了让更多大学生了解化学专业各领域的研究内容，宣传化学专业知识，西南交通大学化学协会筹划并举办了"出神入化"化学知识竞赛。该竞赛由化学协会自命题，初赛笔试题目涉及化学专业多个不同领域的前沿研究内容。决赛以小组成员共同答题的形式进行，在商讨的过程中产生思想碰撞，加深对化学知识的理解。

2．举办"实化实说"化学实验竞赛

为了锻炼学生的实验操作能力，协会连续 5 年举办"实化实说"化学实验竞赛。初赛以笔试的形式考察实验室常识，选拔出 12 组具有较好实验理论基础的队伍。决赛在学院实验室中进行，在给定实验目标的情况下让同学们自行设计试验方案，旨在培养同学们的创新思维和实验中的探索能力。实验进行期间，由有经验的同学全程监督指导，提高学生的安全意识。

3．开展犀和社区化学小课堂活动

为了提高孩子们对自然科学的认识，化学协会定期前往犀和社区为青少年儿童讲授"一节有趣的化学课"，讲解物质与元素的概念，同时在现场进行简单的化学实验，引导孩子们观察实验现象，总结实验中的一般规律，以循循善诱的方式鼓励孩子们探索未知，培养其科学兴趣。活动至今已开展超过 20 期。

四、学生感悟

王同学：化学协会举办了许多贴近大学生学习实际的活动，如实验、知识问答、线上疫情知识问答等。其中的实验活动最吸引人，极大地激发了同学们对化学的兴趣。实验以小组合作的方式进行，多人进行团队协作，培养同学们的团队合作精神，增强了协会的凝聚力。

【创客协会】

一、基本信息

社团名称	创客协会	社团类别	学术科创类
社团星级	3星级	指导单位	工程训练中心
思政指导教师 1 名		专业指导教师 1 名	
组织架构	团支书、会长团、技术部、宣传部、外联部、运营部		

二、社团风貌

西南交通大学创客协会成立于 2016 年，是依托工程训练中心交大创客空间建立的、致力于传播创客文化以及创客思想的学生社团。创客是心怀梦想、心志相投、目标明确一致，在平等开放、共建共享的原则下，致力于协同创新、发挥创造力的群体。创客协会以发展和培养学生创客为初心，坚持贯彻立德树人根本任务，培养德智体美劳全面发展的当代大学生。

创客文化核心的内容是创新，将兴趣、爱好、想法转化为现实，带有创新性和实践性。创客精神包含创新、创造、创业三个部分，是科技创新、自立自强的坚实基础。为了深入学习贯彻习近平新时代中国特色社会主义思想和党的二十大精神，按照《高校思想政治工作质量提升工程实施纲要》的要求，加强科研育人，促进青年人才全面发展，协会开展了一系列活动，包括 IOT（Interest, Open and Technology，即互联网，开放和科技）之夜、创客夜校等，让同学们能够在活动中交流知识，提高能力。

三、特色活动

1．嗨集市 Hi Mart

协会十分注重社团间的沟通交流，开展了"嗨集市"系列交流分享活动，邀请我校其他社团的相关创新创业项目来展示，互相交流收获与心得，促进大学生科技创新与全面发展。不仅如此，协会还会不定期邀请各领域的行业精英进行主题分享，让大家了解前沿科技知识，启发创意，共同学习进步。

2．神秘玩家 X Player

协会定期举行比赛活动，邀请全校学生积极参与，包括中美青年创客大赛、街机游戏设计比赛、立方体设计比赛等，让同学们在比赛过程中学习相关知识和技能，提高综合素养，为培养具有全球视野和世界眼光的高层次人才贡献力量。

五、学生感悟

杨同学：21 世纪是一个科技创新的世纪，中华民族的伟大复兴需要一批具有创新精神与创新能力的人才。创客协会、学校乃至整个社会都注重创新科技人才的培养，我们的发展前景十分美好，展示自己才华的舞台十分广阔。我们会加强专业知识和技能的学习，用过硬的专业能力投入实践。

【物流协会】

一、基本信息

社团名称	物流协会	社团类别	学术科创类
社团星级	3星级	指导单位	交通运输与物流学院
思政指导教师1名		专业指导教师1名	
组织架构	团支书、会长团、活动部、办公室、学术部		

二、社团风貌

物流协会成立于2010年，以"物畅其流、人尽其才"为宗旨，旨在培养并选拔物流方面的人才。全员以倾心做物流人、尽心行物流事为指引，尽心承办并参加各种物流比赛。作为一个学术性社团，协会秉持以学习为主、实践为辅的原则，致力于提高同学们的学习能力。主要职能是传播学术知识、提高科创能力、承办科创比赛。围绕这些职责，协会致力于构建一个传播和学习物流知识、理念的卓越平台，在各类活动中不断提高大学生的动手能力、策划能力、协调组织能力，使大家对学习和职业规划有更清晰的认识。同时，积极推进大学物流人才培养模式、课程设置、教学内容和方法的改革，为全国高校搭建开放的物流教学改革与学术交流平台。

三、特色活动

1. 开展大采购活动，在趣味中竞技、学习

参赛队伍通过运用运筹学、数学建模等知识，综合考虑距离、时间、数量、体能等多种因素完成比赛采购任务。比赛中设置不同难度的游戏环节，有助于增进团队成员的友谊，提高团队协作的能力，增加比赛的趣味性。本活动要求队员勇于挑战，勇于尝试从未被尝试过的方案。参赛者可以在与队员的探讨中增进友谊，提高团队协作能力，通过运用课堂中学到的知识解决实际问题，提高分析问题的能力，进一步了解专业知识。

2. 举办"百碟杯"比赛，提升专业能力

全国大学生物流仿真设计大赛是由中国物流生产力促进中心发起并主办的、一项以促进在校物流专业大学生学习与实践能力提升为目的赛事活动。大赛以团队竞赛模式进行，以"百碟物流仿真运营软件"为平台。参赛团队模拟运营一家物流企业，通过"实际"经营物流企业，了解企业的真实工作过程，并将理论知识应用到实际工作中。自开赛以来，该比赛累计已举办10期。

四、学生感悟

赵同学：在竞赛活动中，物流协会负责组织参赛者、联系指导老师并进行赛后的成绩计算、奖状发放等。他们细致入微地工作，严格按流程办事并耐心地解答同学们的问题，方便参赛的同学，使大家能够全身心投入比赛，发挥出自己应有的水平。在比赛的过程中，能和老师进行深入交流，从而达到提升自己的目的。组织学术竞赛，不仅能培养同学们勇于尝试、善于思考的精神，还能让同学们的科研精神和能力不断加强，积极探索求知，拓宽自己的知识面。

【航模协会】

一、基本信息

社团名称	航模协会	社团类别	学术科创类
社团星级	2 星级	指导单位	力学与航空航天学院
思政指导教师 1 名		专业指导教师 1 名	
组织架构	团支书、会长团、办公室、宣传部、活动部、航模队		

二、社团风貌

航模协会成立于 2002 年，简称"航协"，为非营利学习型学术科创类组织。协会以"传播航空文化，普及航模知识，提升动手能力，投身航空事业"为宗旨，旨在于科普航模运动，宣传航空文化，挖掘大学生在航空领域的兴趣，培养大学生的航空情怀，为航空爱好者提供学习交流平台，提高大学生的航空素养，引导大学生"认识航空、拥抱航空、热爱航空"，为祖国航空事业培养后备力量。为了进一步加强和改进大学生科创教育工作，航模协会积极宣传大学生航空领域科研创新理念，给渴求科研知识的学生以及其他人员进行宣讲和培训，着力建设大学生航空科创科研团队，给大学生学术科研活动营造良好的氛围，开设航空主题活动，普及航空航天知识，开展航模知识讲座，提供航模交流平台，练习航模飞行技术，制作各类航模飞机，以深入、深层、深刻、深邃的系列航空活动，促进大学生共同学习、共同进步、共同提高。

三、特色活动

1. "青春起航，载梦而行"趣味竞赛

为了丰富校园生活，给对航模运动感兴趣的同学提供动手实践的机会，宣传推广航空领域科研创新理念，航模协会开展"青春起航，载梦而行"趣味竞赛。活动由报名、熟悉规则、材料分发、正式比赛、奖励表彰五个环节组成，分"轻骑士"个人竞赛和"奔月"三人接力赛两类比赛。航模协会统一购买比赛项目所需的材料与设备，在比赛准备期间发放给各位参赛者进行拼接组装与调配调试。同时，向参赛者介绍比赛规则流程，对组装航模进行指导，活动以届次化开展，参与学生超 300 人次。

2．参与组织精品"第二课堂"

力学创新实验大赛由力学与航空航天学院主办，航模协会协助组织开展。比赛帮助学生们习得一定的专业知识、开阔视野，激发制作灵感。该活动鼓励学生将课堂知识与动手实践相结合，最大限度地激发创新思维与创作激情，致力于促进团队合作意识、锻炼合作精神，将工科基础、设计能力、文科灵感糅合在一起，实现跨学科合作。活动前期，按校、院两级体系实施，面向全校师生开展示范宣讲。活动中期，开展专题讲座，普及创新实验大赛的基本知识，为参赛选手们打下坚实的专业基础。活动后期，依托各类新闻媒体对进程进行阶段性汇报，公示获奖成品，从宣传效果、活动成果等方面对比赛活动进行总结与反思。

3．到成飞集团开展企业文化调研主题实践

按照自主创新和国际合作并举的方针，在大力推进 C919、ARJ21 等国产民机研制的同时，国家发展改革委员会先后与空客公司、波音公司等世界一流航空制造企业签署了一系列战略协议，开展以整机总装生产为代表的深度工业合作，极大地促进了我国航空产业的发展，加速我国民用航空工业融入世界航空产业链，已成为中美、中欧高技术领域合作的典范，为我国航空工业国际合作开启了崭新的篇章。每年暑假期间，航模协会成员均会组队赴成飞集团主题教育基地学习研究成飞人航空报国精神，活动开展已超过 5 年。

四、学生感悟

王同学：航模协会所举办的活动对当代大学生工程实践能力的提高大有好处，立足于培育当代大学生的动手能力、团队协作能力等，让大学生更好地适应社会。在飞行趣味竞赛、力学创新大赛等特色活动中，我可以学习航空知识，提高技能，努力做一个对社会有贡献的人。

【STEAM 实验与创新协会】

一、基本信息

社团名称	STEAM 实验与创新协会	社团类别	学术科创类
社团星级	3 星级	指导单位	国有资产与实验室管理处（分析测试中心）
思政指导教师 1 名		专业指导教师 1 名	
组织架构	团支书、会长团、创新实验部、活动部、外联部、办公室、宣传部		

二、社团风貌

西南交通大学 STEAM 实验与创新协会成立于 2018 年，是学术科技类社团，旨在协助加强学校实验室安全管理、加大安全知识宣传力度。STEAM 是科学（Science）、技术

（Technology）、工程（Engineering）、艺术（Arts）、数学（Mathematics）英文首字母的组合。协会开展诸多跨学科活动，包括实验室参观月、实验室安全知识宣讲等。

实验室是教学、科研的重要阵地，实验室的安全管理是实验工作正常进行的基本保证。我校实验室安全管理实行学校、学院、实验室三级管理体系，以完善的规章制度和数字化安全管理平台为支撑，为建设"双一流"大学提供了坚实的安全保障。协会开展了"走进实验室""实验室安全事故案例展""大学生安全知识竞赛"等系列安全文化宣传活动，拓宽了同学们的视野，使同学们深入地了解实验室安全相关知识和先进的科学技术，增强实验室安全意识，加强实验室安全的日常监管，为交大师生的人身与财物安全提供保障。

三、特色活动

1. 实验室安全知识培训会

协会定期开展培训会，邀请相关专业老师就实验安全问题进行讲解。实验安全培训会让同学们对实验安全问题有深刻的认识，促进学校实验安全规范，增进学生实验创新能力。同时，协会也会开展实验室安全与应急处理培训（包含心肺复苏、室内火场求生、初期火灾处置项目），帮助同学们更加深入地学习实验室安全与应急处理知识。

2. 实验室参观月活动

实验室参观月活动旨在为大学生提供进入实验室的机会，感受实验室氛围，领略实验室风采，了解实验室的先进技术，开阔视野。每学年5～6月、10～11月，协会组织实验室参观活动，让广大交大学子切身感受交大先进的实验室，如RM机器人队实验室等，体验实验室中的先进技术，激发科研报国的决心。

四、学生感悟

刘同学：通过参与STEAM实验与创新协会举办的安全知识宣讲、征文以及知识竞赛等一系列有意义的活动，我学会了许多有关实验室的安全知识，掌握了必要的安全技能，同时激发了我对科学实验的兴趣。协会不仅传播知识，也给我们提供线下实践的宝贵机会，让我更好地理解、掌握所学知识与技能。今后，我将以更加认真的态度对待实验室安全，以更加饱满的热情投身到祖国的科研事业中。

【翻译—ECYLF×SWJTU协会】

一、基本信息

社团名称	翻译—ECYLF×SWJTU协会	社团类别	学术科创类
社团星级	2星级	指导单位	外国语学院
思政指导教师1名		专业指导教师1名	
组织架构	团支书、会长团、办公室、宣传部、学术部、外联部		

二、社团风貌

翻译—ECYLF×SWJTU协会（简称翻译协会）成立于2018年。自从创立以来，协会一直立足于夯实成员的英语基础，注重拓宽成员的国际视野，激发成员日后成为翻译人才的热情，并通过学术活动夯实成员的英语能力，是一个务实、创新的专业型学术科创类社团。为了进一步加强新时代国际化人才的培养力度，长期以来，翻译协会将夯实成员的语言能力作为基本任务，并以拓宽成员国际视野、培养成员家国情怀为最终目标，带领大家不断奋力向前。坚持定期开设口笔译打卡等专业学术类活动，积极组织成员参加翻译类竞赛、实践活动以及相关专业资格证书考试，促使成员有目的、有目标地稳步向前，切实提高成员双语学习、英汉互译的理论和实践能力。协会打造内外联动的社团活动新形式，并希望通过此国际化平台，为交大外语人才创造更多"走出去"参与高层次、国际化会议与论坛的机会。协会致力于营造相互借鉴、良性竞争的学习氛围，努力为西南交通大学的翻译爱好者创造一个专业化、精英化的学术交流平台。

三、特色活动

1. 开展日常练习打卡，增加口译笔译实践

协会以英语翻译为特色，吸引了众多翻译爱好者。通过开设日常口译打卡、笔译练习讲评等优质活动，协会切实提高了社团成员的双语学习、英汉互译及口笔译实践等能力。成员们的打卡情况与期末的奖励挂钩，积极参与的同学将获得一笔学习资金，用以购买学习用品、书籍等。活动以日常打卡的形式开展，由协会干部点评反馈，加上期末的奖励机制，大大激发和调动了成员们参与的积极性，加深了成员对翻译的理解，活动年均参与超过500人次。

2. 开展外部活动，分析翻译专业发展前景

为了使翻译系的同学以及对翻译专业感兴趣的同学对该专业的前景有一个清晰的认知，翻译协会面向全校学生，尤其是面临保研考研、就业的学生举办"翻译系学生职业规划"系列活动。由资深口笔译译者为同学们介绍翻译专业的发展前景，分析当今翻译市场的人才状况，介绍外语专业学生在未来的择业方向等。该活动为同学们指点迷津，帮助高年级学生了解自我，做好未来规划；对低年级学生则进行职业生涯规划，避免学习的盲目性和被动性。

3. 与欧中青年领袖论坛联动，对话杰出青年

为了给学生创造更多"走出去"的机会，协会以欧中青年领袖论坛（Europe-China Youth Leaders Forum）为窗口，打造内外联动的社团活动新形式。协会在欧中青年领袖论坛与翻译ECYLF×SWJTU协会合作两周年之际，邀请联合国青年大使以及欧中青年领袖论坛主席为同学们进行线上演讲交流，拓宽了同学们的视野，为大学生提供了解欧洲与世界的窗口，也提供更多未来发展的机会，引导大学生成为"中国灵魂，世界眼光"的优秀青年。

四、学生感悟

高同学：翻译协会的活动带给我们的不只是知识，还能提高我们的综合素质。通过参加

翻译、学习协会的活动，我们可以了解世界各地各个领域发生的事，拓宽了我们的国际视野。并且，这些活动也让我们站稳中国立场，以世界眼光辩证地看待世界问题，让我们意识到国家对国际化、高素质人才的迫切需求。同时，在翻译过程中，我们的逻辑思维得到了锻炼，激发了我们的创造力和想象力。即使很多人今后不一定会成为一名翻译，但是翻译协会的各项活动对我们的生活、学习和工作也会产生深远影响。

【网络安全协会】

一、基本信息

社团名称	网络安全协会	社团类别	学术科创类
社团星级	4星级	指导单位	信息化与网络管理处
思政指导教师1名		专业指导教师1名	
组织架构	团支书、会长团、竞赛部、事务部、研究部		

二、社团风貌

西南交通大学网络安全协会成立于 2018 年，是一个由喜欢计算机技术、网络安全技术的西南交通大学在校学生共同创办的社团。协会致力于技术分享与进步，秉承低调、分享、专注、自由、创新的精神，为交大热爱网络安全技术的同学们搭建一个氛围良好的交流锻炼平台。协会积极开展活动，引导师生强化网络意识，树立网络思维，提高网络安全素养，创作网络文化产品，传播主旋律、弘扬正能量，守护好网络精神家园。

三、特色活动

网络安全宣传周系列活动

协会每年都会在信息化与网络管理处的指导下开展网络安全宣传周系列活动，宣讲网络安全领域的法律法规、政策标准，开展网络安全意识、知识、技能的宣传教育，大力营造全校全员共筑网络安全防线的浓厚氛围。协会也会向师生分发网络安全知识宣传手册，内容包含电信网络诈骗防范、个人信息保护、密码保护，以及规避网络谣言、恶意软件内容等。

四、学生感悟

郭同学：网络安全协会举办了许多活动，强调学生自主参与、自愿组合，充分尊重学生的个性，学生的主体性得到了充分彰显，才能得到了充分施展，学生的独立性、责任心、参与意识等也有了进一步发展。在创造性的实践活动中，大家能够认识新的现象，提出新的问题，解决新的问题，也为大家将来走向社会，独立生活、独立从事实际工作打下坚实的基础。

【机械创意与制作协会】

一、基本信息

社团名称	机械创意与制作协会	社团类别	学术科创类
社团星级	3星级	指导单位	机械工程学院
思政指导教师1名		专业指导教师1名	
组织架构	团支书、会长团、外联部、科创部、竞赛部、办公部		

二、社团风貌

机械创意与制作协会成立于1998年，一直以"探索创新、激发兴趣，增强实践、共同成长"为宗旨，为交大学生提供一个机械设计与创新、学术思想讨论与技术交流的平台，让每一位社团成员在创新思维的熏陶下，能够挖掘自己的潜能，提高科创能力。同时，积极培养师生的科学精神和创新意识，引导师生积极参与科技创新团队和科研创新训练，及时掌握科技前沿动态，培养集体攻关、联合攻坚的团队精神和协作意识。

三、特色活动

1. 开办焊接培训，培养手工兴趣

协会注重各位成员机械敏感性以及动手能力的培养，连续多年举办焊接培训活动。焊接培训由理论、实践两部分组成，从焊接原理到操作方法，既适合未曾接触焊接领域的同学进行兴趣拓展，也能为喜好机械电子技术的"发烧友"提供展示、合作的平台。协会现有多套电焊设备以及焊接耗材等，能满足全员随时开展相关活动的需求；以亲身体验和一对一指导相结合的方式，确保每一位成员都能体验焊接的乐趣。

2. 积极参加比赛，培养科创兴趣

自协会创建以来，历届成员人才济济，在各种与机械相关的比赛中屡获佳绩，为协会增添了荣誉，累计获得相关奖项百余项。同时，协会积累了大量竞赛渠道和信息资源，掌握一手参赛指导信息，帮助成员在竞赛项目中更好地发挥水平。另外，协会长期承办各种科创竞赛活动，为成员提供参赛培训指导。

四、学生感悟

欧阳同学：在学长的指导下，在每周的日常培训中，我们掌握了Solidworks软件、焊接、单片机等知识和技能。每次都使用实物教学，每次都能争取资金为我们购买实验器材，使我们更容易掌握相关技能。在了解方法后，上手操作很容易，增加了学习的乐趣。各位部长也经常悉心指导。虽然我不是机械专业的学生，但从中也感受到了机械的魅力，和学长也成了朋友。除了培训，平时有问题，学长也会耐心解答。在这一年中，我充分体验了科创社团的快乐，我会努力提升自己，希望也可以帮助他人。

【大学生电子科技协会】

一、基本信息

社团名称	大学生电子科技协会	社团类别	学术科创类
社团星级	4星级	指导单位	电气工程学院
思政指导教师1名		专业指导教师1名	
组织架构	团支书、会长团、办公室、宣传部、企划部		

二、社团风貌

西南交通大学大学生电子科技协会成立于1956年，主要由电子设计、科技创新、单片机和计算机软件开发爱好者组成，是我校科技爱好者一个展现自我、开拓创新的平台。协会举办了许多精彩的活动，包括相关知识分享、趣味电子竞赛等，让同学们感受到电子技术的魅力，在提升技术、丰富知识的同时增强动手能力。

为了深入学习贯彻习近平新时代中国特色社会主义思想和党的二十大精神，按照《高校思想政治工作质量提升工程实施纲要》的要求，进一步加强和改进大学生学习教育工作，宣传电子科技文化，提高大学生在电子技术、单片机等方面的学习能力，协会以"培养学生对于电子技术的兴趣与学习能力"为初心，以"营造良好的电子科技竞赛环境"为使命，通过电工电子基础、单片机培训等活动培养学生的兴趣，提高科学素养，为助力建设科技强国贡献青春力量。

三、特色活动

单片机项目设计

协会每年都会举办单片机项目设计大赛，吸引许多对电子技术有浓厚兴趣的学生参加。比赛初期，在发布比赛的要求后，协会针对比赛的要求进行说明与讲解，并分享解题思路。在每一位选手制订初步方案后，相关专业老师会指出其相应的优缺点和可行性，提出修改优化建议，并在制作过程中提供技术指导，解答同学们的疑惑。在比赛的过程中，同学们通过自我学习、教师指导等途径，能学到许多相关的电子技术知识，为将来参加相关领域的学科竞赛打下良好的基础。

四、学生感悟

舒同学：通过参加大学生电子科技协会举办的单片机比赛、培训、线上答疑等一系列有意义的活动,我学到了很多相关的知识,激发了我对单片机以及相关电子设计的兴趣。今后,我一定会努力学习有关知识,积极参加相关比赛,提高综合能力。

【菁蓉协会】

一、基本信息

社团名称	菁蓉协会	社团类别	学术科创类
社团星级	2星级	指导单位	创新创业学院
思政指导教师1名		专业指导教师1名	
组织架构	团支书、会长团、外联部、宣传部、活动部、行政部		

二、社团风貌

西南交通大学菁蓉协会成立于2016年9月,是创新创业学院指导的一个以创新型、多元化为主题的学术科技类社团。协会通过丰富的"双创"类比赛培训与指导、参观实践等各类活动服务全校师生,做好校内与校外各位企业成功人士等校聘创业导师的沟通工作。协会秉承"让每一位协会成员都享受到创新创业带来的快乐感"发展理念,不断开创,从零到一,始终坚持致力于提高大学生的创新能力,增强创业意识,培养大学生的高端国际化视野,满足国家经济社会发展对高素质应用型、复合型、创新型人才的需求。协会借用"创客天堂"——菁蓉镇之"菁蓉"二字命名,寓意以青年为本,汇青年人之蓬勃朝气,立足蓉城,扎根交大,服务莘莘学子。

三、特色活动

创新创业讲座

协会举办了许多创新创业讲座,围绕全球宏观经济发展趋势、就业状况、大学生职业生涯规划、全国大学生"互联网+"大赛等主题展开,增强学生对创新创业工作的了解,切实提高学生的创业意识和创新创业能力,推动学生不断将理论知识和实践相结合,对培养新时代创新创业人才有重要意义。讲座阐释了创新创业精神的三大主题,提醒大学生要明确就业创业的方向,不能盲目跟风;强调大学生要积极参与创新创业实践,增长才干,为今后的发展打下坚实的基础。

四、学生感悟

葛同学:菁蓉协会是一个带有创新性质的社团,协会举办的活动都是围绕创新创业进行的。令我印象最深的就是H5设计大赛。在这个过程中,我学习了活动方案的设计方法。在参阅各种资料的过程中,自身的工作方法也得到了改进。

【科幻协会】

一、基本信息

社团名称	科幻协会	社团类别	学术科创类
社团星级	3星级	指导单位	智慧城市与交通学院
思政指导教师1名		专业指导教师1名	
组织架构	团支书、会长团、办公部、策划部、写作部、新媒体部、技术部		

二、社团风貌

科幻协会建立于1997年，是由科幻爱好者建立的学生社团组织，获得第31届中国科幻银河奖最佳科幻团体奖。社团活动涉及科幻奇幻相关的文学、影视、艺术、游戏等各个领域，旨在为热爱幻想的同学提供一个进行课余活动和心得交流的平台。大学生在科幻想象中流露出对民族、社会最真切的人文关怀和对宏大世界观的把控，体现出科幻文化在人格塑造方面的独特魅力，所有活动着眼于当代大学生的科幻兴趣发展，旨在为交大科幻爱好者营造积极的氛围。

三、特色活动

1. 幻想文化周系列活动——主题观影·读书·科普交流会

为了让同学们能够深入了解刘慈欣的以《流浪地球》为代表的科幻类文学作品，科幻协会和交大白日梦影社、天文协会联动举办了一系列活动。活动分别为电影观影活动、天文奥秘知识讲座以及主题读书会三部分。参与者从文学、电影艺术、科学三个不同的维度解读科幻文化，共同交流进步。

2."深空杯"写作培训与征文比赛活动

"深空杯"科幻征文大赛是协会的传统征文比赛活动，为科幻爱好者们提供了精进写作技巧、提高写作水平的机会。在"深空杯"征文比赛开幕式上，协会公布征文主题和要求，邀请《科幻世界》的编辑拉兹老师和往届学长进行写作讲座，分享写作经验，为大家答疑解惑。在收集征稿之后由写作部初审、编辑部复审并评奖，为优秀者颁发奖品。目前已征集图文超过100篇。

四、学生感悟

孙同学：作为一个对科幻小说、科幻电影着迷的大学生，我很高兴能参加学校科幻协会举办的各类活动。科幻协会鼓励同学们用自己的方式表达自己的观点，活动丰富多彩，内容有趣深刻。比如，幻想文化周活动，既为同学们提供了观影的条件，又科普了相关的天文知识；在参观《科幻世界》杂志社过程中，可以了解科幻小说写作背后的故事。在社团组织的活动中，我接触了很多科幻小说和科幻电影等，丰富了我的大学生活。总的来说，科幻协会的社团活动很丰富，同学们都乐于参加这些活动。

【雾都天文社】

一、基本信息

社团名称	雾都天文社	社团类别	学术科创类
社团星级	3星级	指导单位	物理科学与技术学院
思政指导教师1名		专业指导教师1名	
组织架构	团支书、会长团、天文科学社、天文摄影部、活动部、宣传部		

二、社团风貌

雾都天文社成立于2021年，致力于为对天文感兴趣的同学提供交流互助、补充知识、开阔视野的平台。"分享天文知识、共同探索浩瀚宇宙"是雾都天文社秉持的宗旨。天文社开展的每一项活动都从当代大学生出发，普及天文科学知识，提高大学生的科学素养；激发好奇心，培养创新能力；传承科学精神，点燃科学强国梦。通过开展观星等实践活动，带领大学生在实践中解放思想，探索大千世界。

三、特色活动

1．举办天文知识科普活动与天文望远镜展览

为了提高广大学生对天文的兴趣，加深对天文知识的了解，同时宣传雾都天文社，雾都天文社定期举办天文知识科普活动，同时展出天文望远镜。科普活动以问答的形式开展，在一问一答中，激发同学们了解天文知识的积极性和主动性。望远镜展出旨在让更多交大学子接触并了解天文观测器材，了解天文观测器材的工作原理，激发同学们对天文观测的兴趣。

2．开展户外天文观测活动

为了让同学们获得更好的观测体验，更深入地了解天文知识，更好地感受天文的魅力，天文社定期举办户外观测活动，如到观星条件极佳的川西进行天文观测，让同学们更加深入地了解天文观测知识以及仪器操作方法，在璀璨的穹宇之下获得直接的感官体验，感受星空的魅力。

3．举办线上线下天文知识讲座

为了普及天文知识，天文社不定期举办天文知识科普讲座。通过线上或线下灵活多样的形式给同学们普及天文知识，使同学们更好地掌握天文理论知识。同时，结合时下热门影视

作品或其他热点（如科幻电影《流浪地球》）进行天文知识的科普，增强同学们的兴趣，关注天文知识。

四、学生感悟

周同学：社团的部分天文科普活动，非会员同学也可以参加，观测活动同样不设壁垒。雾都天文社是一个充满活力的社团，所有的活动都致力于宣传天文知识，让更多的大学生了解天文、爱上天文。在这里，我们可以感受到浓郁的学术氛围，学到丰富的天文知识；可以在校园中齐聚，仰望星空；可以在这里找到志同道合的朋友。

【大学生创造学会】

一、基本信息

社团名称	大学生创造学会	社团类别	学术科创类
社团星级	3星级	指导单位	心理研究与咨询中心
思政指导教师 1 名		专业指导教师 1 名	
组织架构	团支书、会长团、绘影部、DIY部、办公室		

二、社团风貌

西南交通大学大学生创造学会成立于1998年，秉承着"创造让生活更美好"的理念，鼓励同学们发现并解决生活中的问题。学会以"创造"为主题，结合当代大学生学习生活的实际情况与科技发展的热点，推出一系列精品活动，打造了"OM头脑风暴"等具有鲜明特点的社团特色活动，形成了"寓教于乐""寓学于乐"的创学氛围，让每一位同学都动脑思考、动手创造。通过举办内容丰富、形式多样的创造活动，学会有效地丰富了校园文化生活，提高了大学生的创新创造能力，培养了一大批具有创新视野的高素质人才。

学会开展了"创意启航DIY小车竞速比赛""扬帆远航自制小船比赛"等系列手工比赛，在学生中反响良好。同学们在动手操作的过程中，提高创造能力，培养善于思考和动手解决问题的良好习惯。

三、特色活动

1. 创意创造活动

为了培养大学生的创造力，提高将想法转化为实践的动手能力，创造学会举办了创意创造活动。活动内容丰富，形式多种多样，包括创意手工体验、创意思维交流、创意舞台比拼等，有趣且具有开放性的活动吸引了众多同学的积极参加，有效地促进了校园创新氛围的形成。

2．OM 头脑风暴

为了丰富全校师生的课余生活，培养学生的创造性思维，鼓励大家动手创造，大学生创造学会与电子科技协会、心理研究与咨询中心学生会等多个学生组织合作，举办 OM 头脑风暴系列活动。活动以竞赛形式举办，结合 DIY、团队合作、理化知识等要素，提供一个表达自我和能力整合的平台，让参与者的想象力和创造力得到充分发挥。

四、学生感悟

黄同学：大学生创造学会是一个非常有趣的社团，他们的活动非常有创意，如绘画、拼装、设计等。在这些活动中，参与者通过团队合作进行思考与创造，在增强团队意识的同时培养创造力，或通过绘画等宣泄心中的压力；或在一起学习最新知识理论，或通过团体心理辅导提升自我。

【力学与科技协会】

一、基本信息

社团名称	力学与科技协会	社团类别	学术科创类
社团星级	3 星级	指导单位	力学与航空航天学院
思政指导教师 1 名		专业指导教师 1 名	
组织架构	团支书、会长团、办公室、宣传部、活动部、学术咨询部		

二、社团风貌

西南交通大学力学与科技协会以"普及力学知识，培养创新能力"为宗旨，依托学科专业知识，以独具力学特色的活动为载体，开展了"力学创新实验大赛""设计力学结构大赛"等一系列活动，在活动中融入分析力学问题、解决力学问题、分享力学创新技巧等，让同学们在实践中领会与运用力学思维，在活动中学习力学相关知识，掌握力学技能，培养解决常见力学问题的能力，增强创新意识，促进高校创新文化建设。

三、特色活动

1．力学创新实验大赛

依托力学国家级实验教学示范中心，力学创新实验大赛已连续举办 14 届，累计参赛人数达 10 000 余人次，充分发挥了课外实验教学与实践创新活动在创新型人才培养中的重要作用。大赛紧扣力学主题，融入创意、创新、兴趣等元素，鼓励同学们发挥想象力，在形式上进行创新，为交大学生课外科技竞赛活动的蓬勃开展发挥了应有的示范作用。

2．力学结构大赛

为了提高大学生的力学素养，力学与科技协会举办了设计力学结构大赛。该活动鼓励参赛者大胆创新，用力学作品表现自己对活动主题的理解与体悟，在动手实践中思考解决问题的方案。参赛者们也会介绍自己的力学作品所蕴含的力学知识，作品的细节、意义，以及设计过程中的心理活动，全方位展示作品，让大家更好地理解作品。

四、学生感悟

唐同学：力学与科技协会通过举办力学创新实验大赛、设计力学结构大赛、各类力学讲座等一系列丰富多彩的社团活动，积极践行教育人、锻炼人、鼓舞人的宗旨，致力于向大学生普及力学知识，提高综合素质。协会通过开展系列力学活动，帮助同学们解决力学难题，理解力学之美，同时传播基础力学知识，使同学们能够更好地发现问题、认识问题、解决问题，学会以严谨的态度、求真的精神对待力学科学；同时，锻炼思维能力，学会用辩证思维方式去思考问题，以便更有效地应对学习、工作与生活中的问题。

【大学生创新创业俱乐部】

一、基本信息

社团名称	大学生创新创业俱乐部	社团类别	学术科创类
社团星级	5星级	指导单位	教务处
思政指导教师1名		专业指导教师1名	
组织架构	团支书、会长团、办公室、活动部、事务部、宣传部、学术部		

二、社团风貌

西南交通大学大学生创新创业俱乐部积极探索和服务大学生的创新创业工作，旨在"营造创新创业的校园文化氛围，倡导创新模式的探索与创业精神的学习，提升在校学生创新创业的素质与能力，加速科技成果的产业化进程"，探索"融入式"创业教育模式。

俱乐部以"创新、探索、学习、交流"为理念，以激发学生创新创业的热情为己任，开展创业论坛、创业知识讲座、产品展示会、创业计划大赛、创业实践观摩等创新创业活动，培养现代科学技术与商务管理素质兼备的复合型人才。同时，俱乐部紧密联系校外企业，为广大同学提供更多的创业就业信息，鼓励同学进行创业实践，努力成为学生联系社会的桥梁和本校创新的"孵化器"。

三、特色活动

1. 创新创业讲座周

俱乐部每学期都要面向全校同学开展有关创新创业政策、成果、经验等交流活动，旨在进一步加强交大实践教学，推进创新创业教育，营造校园科创氛围，助力科技强国。讲座的主讲人包括具有丰富教学经验的老师、取得优秀成绩的同学。讲座的主题鲜明，覆盖学生范围广，参与人数众多。

2. 创星者栏目

创星者栏目是一个采访活动，以一问一答的形式与交大优秀学子进行面对面交流。栏目涵盖许多内容，包括学习、生活、科创活动、学生工作等，让大家能够全方位了解优秀学子的成长经历与收获，鼓励交大学生向优秀者学习，促进德智体美劳全面发展。

四、学生感悟

宋同学：通过参加大学生创新创业俱乐部举办的新生宣讲会、SRTP 交流会、创新创业讲座周等一系列丰富多彩的活动，我收获了很多，不仅了解了学科类竞赛的相关知识，也了解了取得丰富成果的学长学姐背后的努力故事。我不仅对各类竞赛的目的、内容、过程有了一个初步的认知，也对如何做好相关竞赛有了初步的规划。

【智能基座社团】

一、基本信息

社团名称	智能基座社团	社团类别	学术科创类
社团星级	1 星级	指导单位	信息科学与技术学院
思政指导教师 1 名		专业指导教师 1 名	
组织架构	团支书、会长团、办公室、宣传部、技术部、财务部、外联部		

二、社团风貌

智能基座社团成立于 2021 年，旨在通过互动交流、学习内容共享、实践项目，帮助大学生进行学习和创新，为他们提供学习前沿 IT 技术的平台，进一步加强和改进大学生在国产前沿信息技术领域的学习和应用能力，宣传先进前沿 IT 技术，积极构建高校学子的信息技术学习平台，培育自尊自信、理性平和、积极向上的新时代高校青年。智能基座社团以多种形式的技术培养活动为载体，以线上线下、校内校外相结合的活动方式，帮助同学们更好地学习新兴信息科技领域的知识、技能。

三、特色活动

1. 开展线下校园行活动，帮助同学了解前沿技术

为了培养大学生对新技术的兴趣，社团联系企业开展昇腾校园行、HDC全联接大会等活动，旨在通过企业校园行的方式，宣讲实操技术、讲解招聘需求，并让优秀同学分享学习经验等。

2. 开展部门培训，互相交流学习经验

社团会定期开展部门之间的成员培训以及技术交流分享会，提高社团成员的整体学习能力。

四、学生感悟

杨同学：智能基座社团通过HDC全联接大会、昇腾校园行等一系列硬核的学术类活动，积极践行教育人、锻炼人的宗旨，致力于向全校同学普及新兴IT前沿技术。在线下的校园行、技术沙龙、OPEN DAY等具有鲜明特色的活动中，我学习到了各种各样的IT技术，能和"技术大家"学习交流。这样的学习平台，对全校同学来说都是非常不错的。

【BIM建模协会】

一、基本信息

社团名称	BIM建模协会	社团类别	学术科创类
社团星级	1星级	指导单位	土木工程学院
思政指导老师2名		专业指导教师1名	
组织架构		团支书、会长团、运营部、资源部、事务部	

二、社团风貌

BIM建模协会致力于在大学生中运用和推广BIM技术，通过组织和举办各式各样的BIM软件培训、前沿讲座、学科竞赛等特色活动，充分调动会员对BIM技术学习的积极性，切实增强会员的BIM技术实际操作能力和创新思维能力，提高会员的竞争力。BIM（Building Information Modeling）技术是通过建立三维数字化的建筑模型，对工程实施过程中的几何信息、物理信息、功能信息、价格信息等各种项目信息集成整合，为工程项目策划、设计、施工和运维等建筑全生命期实现信息共享和传递，在提高工程质量、提升生产效率、节约建造成本和缩短施工工期等方面发挥了重要作用。本社团的各类活动依托于BIM技术，围绕技术提升展开一系列活动，为学生提供知识学习的平台和渠道，加快建筑行业数字化人才培养，将行业新技术、新需求与传统教学更好地融合，全面培养大学生的创新思维和科研能力。

三、特色活动

1. 协助学院组织多项学科竞赛

BIM建模协会作为土木工程学院唯一的学术科创类社团,为大学生提供相互交流、学习、展示的平台,多次协助学院完成各大比赛的校内选拔任务,如全国高校BIM毕业设计创新大赛、四川省大学生BIM建模竞赛、土木科技月BIM竞赛组等。

2. 举办BIM技术的专业讲座

为了培养交大学生的BIM技术综合应用能力,提高学生未来在行业中的竞争力,BIM技术专业讲座已举办多次。秉持先模型后信息的思路,讲座从模型入手,从基础抓起,打好学生BIM应用的基础。同时,强化"模型是载体,信息是主体"的BIM应用理念,介绍BIM专业应用的相关案例。

四、学生感悟

苏同学:BIM建模协会是一个非常有意义的协会。在社团开展的一系列活动中,我对BIM技术以及BIM的专业应用有了深刻的了解。同时,在社团中,学长学姐非常友好,会给我们悉心解答关于BIM技术的困惑之处。希望BIM建模协会越办越好!

【BC沙盘商赛协会】

一、基本信息

社团名称	BC沙盘商赛协会	社团类别	学术科创类
社团星级	1星级	指导单位	经济管理学院
思政指导教师1名		专业指导教师1名	
组织架构	团支书、会长团、企模部、学创部、格新部、文宣部		

二、社团风貌

BC沙盘商赛协会中的BC为Business Competiton的首字母缩写,全译名为商业竞争赛事协会,简称为"沙盘协会"。目前协会负责"学创杯"赛事的宣传、培训与开展工作,同时协助经济管理学院创新创业组织进行企业竞争模拟大赛和商业精英挑战赛的培训与指导工作。协会旨在聚集一批优秀的商赛选手,提高交大学生的综合商赛能力,培训商赛精英,集商赛推广宣传、商赛能力培养、商赛培训、商赛传承于一体,为交大培养一批优秀的种子,以期在未来绽放出绚烂之花。

三、特色活动

1. 面向全校开展"学创杯"宣讲会

"学创杯"全国大学生创业综合模拟大赛是协会负责的沙盘赛事之一,是国家级 A 类赛事。赛事分为两个赛道,即创业之星和营销之道。本项赛事的目的在于培养大学生的创业意识,提高学生的实践动手能力、企业经营管理能力以及分析问题与解决问题的能力。五月到七月正值"学创杯"赛事的校赛与省赛,为了让同学们在比赛前对赛事有充分的了解,协会要开展赛前宣讲会,就决策赛道与营销赛道的差别、基本操作、比赛注意事项以及校内赛的总体安排进行介绍,并进行答疑解惑,希望让更多的同学了解这项创新创业赛事。协会会提供比赛的指导途径、交流渠道以及训练渠道,营造良好的备战氛围。

2. 赛前预热、赛中练习、赛后复盘

在正式比赛之前,相关部门会组织开展培训会,并在培训会结束之后展开赛前模拟训练,最后对训练赛进行复盘总结,以期帮助大家更好地备赛。假期还要组织模拟大赛练习赛。除了协会成员外,还邀请校外成员一同参与,力争打造更加真实的比赛环境,为开学后的国赛做准备。所有赛事结束后,协会均会开展校赛复盘会,结合参赛选手的模板,详细讲解预算调整等一系列相关经验和知识,做好下一步比赛的衔接工作。

四、学生感悟

季同学:BC 沙盘商赛协会给同学们提供了一个很好的切磋交流平台。宣讲会让大家对比赛有了大致的了解,培训会让大家对比赛的操作和流程有了进一步的认识,赛前模拟和复盘帮助大家更好地梳理比赛的机制和市场变化环境,提供了更加多元的方法和思路。在协会中,同学们可以找到志同道合的朋友一起比赛、一起进步。协会里没有年级的分别,大家可以随意地交流讨论。在互帮互助的氛围下,大家都在不断地进步。在我的认知中,BC 沙盘商赛协会是一个以培养、发展大学生商赛技能为宗旨的社团,为爱好企业模拟竞争大赛、"学创杯"等沙盘比赛的同学提供宣讲、技术培训,也让更多的同学享受商赛的乐趣。在这些活动中,参与者或通过聆听宣讲会的方式学习商赛知识,或通过亲身实践锻炼自己的商赛技能,不断挑战自我,并培养自己的团队协作精神。

第四章

文化艺术类

学校目前共有文化艺术类社团29个,涵盖文化传播、手工体验、艺术交流等多个方面,涉及绘画、歌唱、陶艺、传统文化等多种门类。从少数民族活动体验到优秀传统文化交流,从古风音律到现代乐队,从自然之美到诗歌之韵,青年学生的审美意趣多元而精彩。从经典诵读到主持擂台,从手工制作到诗歌原创,从品茗赏画到建模摄影,青年人的文艺体验丰富而生动。蓬勃发展的文化艺术类社团作为校园文化的主力军和艺术交流的主阵地,不断提升青年学子对美的感知,使其在美的体验中陶冶情操。

【动植物协会】

一、基本信息

社团名称	动植物协会	社团类别	文化艺术类
社团星级	3星级	指导单位	生命科学与工程学院
思政指导教师1名		专业指导教师1名	
组织架构	团支书、会长团、学术部、活动部、宣传部、公关部、九里分部		

二、社团风貌

西南交通大学动植物协会成立于2013年。协会按照《努力建设人与自然和谐共生的现代化》的要求,注重同步推进物质文明建设和生态文明建设,促进人与自然和谐共生,以"人与自然和谐相处、相依相生"为宗旨。协会坚持以关爱野生动植物为出发点,开展动植物寻宝大赛、植物艺术创作、蝴蝶标本制作、苔藓微景观制作;与校内流浪动物组织统计并推出《交大流浪动物图鉴》等,积极宣传《野生动物保护法》《中华人民共和国森林法》等法律条例;广泛开展科普宣传教育,让全体交大师生通过与动植物的亲密接触感受它们的独特魅力。协会为交大学生尤其是动植物爱好者搭建一个能相互认识并有效学习的平台,帮助同学们了解周围的动植物,增强大学生生态保护意识,营造人与自然和谐相处的良好氛围。

三、特色活动

1. 蝴蝶标本制作大赛

"蝴蝶标本制作大赛"是协会的重点特色活动。学生们在比赛现场将处理好的蝴蝶进行还软、展翅、整姿、固定、风干等一系列工序,做成精美蝴蝶标本,让学生们亲身体验大自然的美妙和神奇,拓展学生们的课外视野,锻炼动手能力。

2. 苔藓微景观制作大赛

苔藓微景观的出现,满足了人们居于室内便可近距离观赏绿意的需求。透过清凉的玻璃瓶,将苔藓、植株、砂石、玩偶等巧妙搭配,构成生动有趣的自然场景。活动让同学们动手体验植物与艺术相结合的乐趣,希望同学们通过"微"世界看到"绿水青山",守护绿色家园。

3．动植物寻宝大赛

大赛于每年的春夏之交时举办，组织学生们在校园中找寻各类动植物，帮助学生们认识、了解更多的动植物。活动着重培养学生们的协作能力，组织大家寻找不同的动植物，激发同学们对动植物的热爱。

五、学生感悟

陈同学：这是一个非常有趣的社团，开展制作蝴蝶标本、植物标本制作等内容丰富的活动，我们体验了大自然的美丽和奇妙。在这些活动中，可以了解关于蝴蝶等昆虫的结构，也可以观察植物从新鲜到干燥的全过程，有利于拓宽课外视野，发现身边的美。在自己动手操作的过程中，可以激发自己的灵感，体验到劳动的辛勤与快乐，增强了动手能力，培养了艺术审美能力。

【中外文化交流与传播协会】

一、基本信息

社团名称	中外文化交流与传播协会	社团类别	文化艺术类
社团星级	3星级	指导单位	国际教育学院
思政指导教师1名		专业指导教师1名	
组织架构	团支书、会长团、组织部、对外交流部、宣传部、文化部		

二、社团风貌

中外文化交流与传播协会成立于2013年，以"促进交大中国学生与外国留学生之间的交流与联系"为宗旨。协会以独具交流特色的活动为载体，将搭建起一座文化友好交流与传播的桥梁作为己任，让学生感受来自世界各地的不同文化风俗，帮助世界各地学生学习文化、分享文化、感受文化。协会通过举办"文化风采大赛""中外文化沙龙""留学生毕业舞会"等一系列独具交流特色的活动，与来自世界各地的朋友一同分享不同国家的文化，感受多元的世界文化。协会让同学们在活动中享受文化的多元性，感受文化交融带来的乐趣，为大学生搭建一个与外国留学生交流的平台，营造团结友爱、互帮互助的良好氛围，为交大师生的身心健康发展作出贡献。

三、特色活动

1．中外文化风采大赛

围绕"以人为本，共性交流"主题展开，立足于交流与传播优秀文化，推动中国学生之间、留学生之间、中国学生与留学生之间互相学习、共同进步。活动以比赛的形式开展，以

节目的形式展现,由老师与协会成员点评并打分。活动增进了大学生对文化多元性的包容,调动广大青年对朋辈文化交流的积极性,引导更多大学生关注文化的交流与传播。

2. 国风文化沙龙

用书法、国画等中国传统文化形式表达自己对中国优秀文化的理解与体悟,并现场介绍作品的独特意蕴,让同学们感受文化交融带来的乐趣,在交流碰撞中展现中华优秀传统文化的时代魅力。参与者包括交大的留学生群体。

3. 留学生毕业舞会

该舞会于每学年末举办,是一个中外文化交流的平台。来自世界各地的学生们开展跳舞、歌唱、游戏等活动,分享各国的民族文化,培养同学们的跨文化交际能力、沟通交流能力、社会实践能力。

四、学生感悟

Lee同学:我喜欢和各国同学交流,参与了许多该协会举办的活动。令我记忆犹新的是排球赛,我们与交大排协的同学们热火朝天地比赛,极大地丰富了我的课余生活,也交到许多朋友,他们给我的学习和生活提供了许多帮助。

【大学生书画协会】

一、基本信息

社团名称	大学生书画协会	社团类别	文化艺术类
社团星级	5星级	指导单位	图书馆
思政指导老师2名		专业指导教师2名	
组织架构	团支书、会长团、办公室、创作部、新媒体部、宣传部、综合部 (九里分会:创作部、宣传部、办公室)		

二、社团风貌

西南交通大学大学生书画协会成立于2002年。协会立足于书法与国画两种中华传统艺术表现形式,以"传承中华传统文化,发扬校园书画艺术"为宗旨。协会坚持"以笔墨会友,承礼仪之邦"的基本原则,弘扬、发展中华优秀传统文化,不断丰富交大学子的课余生活,提高大学生的审美情趣,在探讨、钻研中为传统文化注入新的活动。协会搭建了书画艺术交流、传播平台,开展书画大赛、书画作品巡展、送春联等一系列活动,让对传统书画有热爱与追求的同学们汇聚在一起,共同感受传统文化的魅力与温度,传承优秀的书画艺术。在历届书协人的努力下,书画协会在两个校区聚集了100余位爱好书法、国画的同学。不忘初心、砥砺前行,谱写一路繁花,是我们协会共同的追求。目前协会已经连续7年获得"十佳社团"称号,连续多年考评为5星级,并被纳入首批学校特色社团建设。

三、特色活动

1. 书画大赛

大赛于每年度开展，设立"书法组"和"创意组"两个组，每年均有100余位选手参加，产生的优秀作品将被学校收藏，并在宿舍园区、图书馆等多地展出，参观人数达1 000余人次。

2. 书画作品巡展

大学生书画协会每年定期举办"9·28孔子诞辰书画展"，还结合每年重要时间节点开展一系列主题展，如"建党100周年主题书画作品展"等。协会成员们将所征集的优秀作品进行装裱、布展，通过书画作品展览和现场讲解，展现我国书画的魅力。

3. 送春联活动

每逢春节，协会皆会举办送春联活动。学生们现场挥毫，将平安喜乐、真挚祝福付诸笔端，送给师长、同窗、朋友。活动充分调动了同学们学习书法文化的积极性，弘扬了中华优秀传统文化。

四、学生感悟

董同学：书画协会积极弘扬中华优秀传统文化。通过送春联、书画展等活动，将美好的情感通过书画这一载体传达出去，让越来越多的人能够领略书画之美，接触书画背后的故事，从而去关注、传承中华传统文化。同时，书画协会还积极发扬大学生的创新精神，在传统文化上推陈出新、与时俱进，让传统文化在新时代不断发光发热。

【校辩论队】

一、基本信息

社团名称	校辩论队	社团类别	文化艺术类
社团星级	3星级	指导单位	人文学院
思政指导教师1名		专业指导教师1名	
组织架构	团支书、会长团、外联部、活动部、新媒体、资料库		

二、社团风貌

西南交通大学校辩论队成立于2010年。协会以提高学生辩论能力、加强辩论交流、促进学生成长为宗旨。协会团结广大辩论爱好者，为辩论爱好者搭建交流学习、共同进步的平台。在课业之余，组织辩论活动，挖掘大学生兴趣，提高大学生的语言表达和逻辑思维能力，帮助大学生正确认识自我，开发自身潜力。坚持举办辩论比赛，以文化沟通与交往能力的培养活动为主题，为大学生提供展示自我、提升自我的机会，发掘时代话题，引领学生参与讨论，在交流中拓展思维。

协会希望通过辩论活动，培养大家的思辨能力、表达能力、团队协作能力，培养多能力、多兴趣的新时代人才，把收获作用于学业、作用于生活、奉献于国家。

三、特色活动

1．"新生杯""乐言杯"辩论赛

"一言之辩，重于九鼎之宝；三寸之舌，强于百万之师。""新生杯""乐言杯"辩论赛每学年都会举办，旨在更好地为同学们提供锻炼思维反应能力、语言表达能力和团队合作能力的舞台。比赛内容聚焦社会热点，引领大学生着眼社会、关注社会、作用于社会。活动至今已举办了24届，让各个学院的辩论爱好者能够交流切磋、共同进步。

2．校际交流赛

西南交通大学校辩论队一直与各高校积极交流、友好互动，以期交流辩论经验，密切队伍之间的关系，保持学校间的友好往来，已经与新加坡国立大学、香港理工大学等进行了线下友好交流赛。通过校际交流赛，交大学子与来自世界各地的高校学生相互学习、共同进步。

四、学生感悟

陆同学：校辩论队通过举办"新生杯"和"乐言杯"等一系列校内辩论赛，积极践行校辩论队"引领思辨、价值讨论、自我发展"的宗旨。校辩论队通过开展比赛以及辩论培训等一系列活动，锻炼我们的思维能力，让我们学会用辩证的思维方式去思考问题。同时，协会向同学们传递正确的价值观，强调大学生不仅要关注学习，还应关注社会、国家，学会以积极的态度、饱满的精神对待社会、自己以及他人，加深我们对人生意义的理解。

【外语协会】

一、基本信息

社团名称	外语协会	社团类别	文化艺术类
社团星级	5星级	指导单位	外国语学院
思政指导教师1名		专业指导教师1名	
组织架构	团支书、会长团、办公部、口语实践部、新媒体中心、文艺组织部、志愿者中心、九里分会		

二、社团风貌

西南交大外语协会（Foreign Language Association of SWJTU），简称FLA，成立于1991年，是西南交通大学成立最早的社团之一。

协会致力于大学生外语宣传与交流的相关工作,以英语为主,辅之世界各国语言和文化,旨在为广大喜爱英语和外国文化的交大学子提供一个交流和展示的舞台。协会以独具外语特色的活动为载体,以线上线下、校内校外相结合的活动方式,开展迎新晚会、外语沙龙、四六级经验分享会、雅思模考、"交大之星"英语演讲比赛等一系列活动。

协会在活动中加入异国风情,以及会员们的独特创意,为全校学生提供外语学习的机会与资源,营造良好的英语学习氛围,激发广大同学学习英语的热情。

三、特色活动

1. 外语协会迎新晚会

晚会于每学年初举办,形式包括舞蹈、唱歌、话剧、配音等。歌舞晚会融合外语特色,体现了活力四射、能力非凡的外协初印象。活动让同学们能够更好地认识外语、熟悉外语,将各种语言以更加立体、丰富的形式展现在同学们面前,推动中外文化交流互鉴。

2. 英语演讲比赛

比赛以在校本科生为主要参赛对象,分初赛、复赛、决赛三个阶段,包含不同赛制,每年参赛人数超过100人,以提高英语口语与表达能力为目的,为英语爱好者提供展示的平台,以赛促学,至今已举办18届,为培养高水平的外语人才助力。

3. 外语沙龙

每学期在外国语学院下属实验室外语沙龙开展内容新颖、极具特色的外语沙龙活动。活动中,外语协会成员获得锻炼自己能力的机会,观众也能够获得交流机会,在外语沙龙上畅所欲言,锻炼自己的外语能力。

四、学生感悟

杜同学:有幸参与了"交大之星"英语演讲比赛,与其他选手一起在讲台上展现自我。虽然我在比赛最后没获得奖项,但是参与比赛不只看重结果,更要注重过程。我在参与的过程中,收获了很多,如口语表达、临场发挥能力等。更重要的是,我克服了紧张、羞涩和不自信,坚定了我热爱并持续学习英语的信心。

【洛灵诗歌协会】

一、基本信息

社团名称	洛灵诗歌协会	社团类别	文化艺术类
社团星级	3星级	指导单位	人文学院
思政指导教师1名		专业指导教师1名	
组织架构	团支书、会长团、编辑部、宣传部、古诗部		

二、社团风貌

洛灵诗歌协会成立于 2002 年，是交大诗歌爱好者的舞台。了解诗歌文化、继承优良传统、接力诗歌成就，是当代大学生应当具有的人文素养，也是培养全面发展的人才的需求。

洛灵诗歌协会以服务学生文化需求、推动高校优秀诗歌文化发展为目的。协会开展了一系列相关活动，为交大诗歌爱好者提供了交流创作的平台。本着交流诗歌、创作创新、营造良好诗歌氛围的目的，开展以匿名诗会为代表的系列活动，承办了两届西南高校大学生诗歌论坛，不定期举行"洛灵诗歌奖"校园诗歌征集评比，并印刷了数期《交大诗刊》。

协会为广大交大诗歌爱好者提供了交流心得感悟、提高写作水平、探讨诗歌文学的良好平台，起到了促进学生全面成长的作用。

三、特色活动

1. 匿名诗会

活动每月都会举办，当期作品以匿名形式呈现给社员，在不知晓作者的情况下客观地对作品进行讨论。活动满足了学生对文化生活的需求，营造了良好的校园诗歌文学氛围。在这个过程中，鼓励学生挖掘诗歌背后的文学知识与文化现象，促进社员共同进步。

2. "洛灵诗歌奖"诗歌比赛

为了宣传优秀诗歌文化，发现交大诗歌人才与优秀作品，洛灵诗歌协会举办了"洛灵诗歌奖"诗歌比赛。比赛面向各校区全体交大学生，充分挖掘优秀作品与作者，推动学生们了解诗歌文化，关注人的全面发展，推进大学生诗歌文学交流创作，营造良好的校园文化氛围，加强学生对交大诗歌文化的了解与认可，展现交大学子的优秀人文素养。

四、学生感悟

许同学：洛灵诗歌协会为诗歌爱好者们提供了一个交流学习的机会，举办的"匿名诗会"让我们能够愉快地进行诗歌讨论，了解自身的不足，学习他人的长处。社团还举办了"洛灵诗歌奖"比赛，让我见到了许多优秀诗歌作品，提高了了解诗歌创作、诗歌文化的热情。社团平时活动氛围轻松活跃，而在诗歌探讨时又严谨认真，是诗歌爱好者们的好去处。同学们也在活动中学习了诗歌文化的相关知识和其他中华优秀传统文化内容，这对提高大家的综合素质大有益处。

【镜湖文学社】

一、基本信息

社团名称	镜湖文学社	社团类别	文化艺术类
社团星级	3星级	指导单位	茅以升学院
思政指导教师1名		专业指导教师1名	
组织架构	团支书、会长团、办公室、活动部、宣传部、九里分部		

二、社团风貌

西南交通大学镜湖文学社创建于 1996 年。为了鼓励文艺创作，坚持以人民为中心的艺术创作导向，积极构建和完善社会主义文艺创作理念，协会以"为文学爱好者提供一个学习、交流、展示、提升的平台"为宗旨。协会以独具文学特色的活动为载体，以提升大学生文学素养为己任，积极开展文学交流研讨、讲座、征文等活动。协会所有活动都紧密围绕"以文会友"这个主题展开，立足于传播文学知识，解决当代大学生成长过程中遇到的困惑和问题，鼓励大学生从各个层面探讨文学。同时，通过丰富的活动形式、良好的宣传手段，引起全校同学对文学作品的关注和重视，为青年文艺事业作出一份贡献。

三、特色活动

1．征文比赛

文学创作是考验一个人文学素养最简单也是较为全面的一种方式。文学社开展征文比赛，着眼于"以文会友"，为交大有创作想法的学生提供一次尝试的机会，为各位同学的文学发展提供一定的指导，展现同学们的文学素养和创作优势，培养大学生对各类文学的处理技巧，增进交大的校园人文氛围。

2．三行诗比赛

三行诗对创作篇幅做了限制，对创作者的能力是一种考验。该比赛不仅满足了交大人即兴创作的艺术需求，培养了学生们的沟通交流能力、社会实践能力，而且能够引导当代大学生结合新的时代条件传承和弘扬中华优秀传统文化、中华美学精神，学会辩证取舍，努力推陈出新，助力实现中华文化的创造性转化和创新性发展。

3．文学交流会

文学社开展文学交流会，为交大学子们提供了一个交流互动的平台，让愿意分享自己阅读经历的学生畅所欲言，也让对文学分享有兴趣的同学能够有机会去认识、了解身边的同龄人，让有写作经验的学生分享自己的写作技巧，让更多的人迈入写作的大门。

四、学生感悟

王同学：镜湖文学社的活动推陈出新。文学本身包罗万象，我们在交流分享的过程中，可以了解各个领域的信息，丰富大学生活。文学社为文学爱好者提供了一个学习、交流、展示的平台，同学们可以利用文学社这个独特的平台施展自己的才华。

【Maracle 动漫社】

一、基本信息

社团名称	Maracle 动漫社	社团类别	文化艺术类
社团星级	4 星级	指导单位	计算机与人工智能学院
思政指导教师 1 名		专业指导教师 1 名	
组织架构	团支书、会长团、LIVE 部、COS 部、CV 部、技术部、原创部、漫讯部		

二、社团风貌

西南交通大学 Maracle 动漫社成立于 2003 年,以"服务学生、丰富我校学生业余文化生活"为宗旨,以建设交大积极、上进、和谐的社团文化为己任。协会举办的各类活动有效促进了学生的全面可持续发展,丰富学生的文化生活,为广大动漫爱好者提供了一个发展的平台,引导学生正确对待动漫文化,创建良好的社交氛围和学习环境。协会专注实践、文化、网络三大模块的会员培训与教育,加强会员的身体素质与艺术创新能力培养,让会员提高动手能力,在艺术鉴赏过程中增强自信心,张扬艺术个性,展现艺术才能。各个部门每学期会有计划地进行相应的技术培训,包括配音、歌唱、舞蹈、绘画、制作视频等。协会致力于丰富学生的课余生活,通过歌舞晚会、嘉年华等体验活动,为大家提供施展才华的舞台。

三、特色活动

1．COSPLAY 嘉年华

在每学年举办一次活动,由协会内部成员撰写、编排舞台剧剧本,并进行舞台剧展示。完整的舞台剧包括表演、配音、服饰制作。COSPLAY 嘉年华的主要素材来自各类具有积极意义的热血动漫,将动漫情节、人物进行再创作,从而制作出符合学生兴趣、内容丰富有趣、具有现实意义的高品质剧作。

2．冬日、夏日歌舞会

歌舞会每学期举办一次,是学生们展示自我的平台。主要邀请协会内外成员,以青春正能量的动漫为题材,活动内容包括舞蹈、歌曲、模仿秀等。活动贴近学生生活,立足学生兴趣,在活泼欢快的氛围中,有效缓解大学生因激烈竞争而产生的学业压力等。活动用学生们喜闻乐见的方式宣传动漫文化中的积极内容,针对大学生善于模仿、易接受新事物等心理特点,传递正确的价值观。

四、学生感悟

谢同学:我认为 Maracle 动漫社是一个非常有活力的社团,所有活动都立足于将二次元亚文化的特色部分与当代大学生的实际需求相结合这一理念,开展诸如 COSPLAY 舞台剧嘉年华、LIVE 夏日以及冬日歌舞会活动这样具有鲜明特色的活动。在这些活动中，大家或在舞台上扮演二次元角色，绽放自己的表演才能与天赋；或唱歌跳舞，在舞台上尽情释放自己。

【南国相声社】

一、基本信息

社团名称	南国相声社	社团类别	文化艺术类
社团星级	4星级	指导单位	公共管理学院
思政指导教师1名		专业指导教师1名	
组织架构	团支书、会长团、办公室、宣传部、外联部、活动部、九里分部		

二、社团风貌

南国相声社成立于2014年，协会以"传播相声文化，带来更多欢笑"为宗旨。协会注重以文化育人，深入开展中华优秀传统文化、革命文化、社会主义先进文化教育，与传统相声相结合，优化校风学风，繁荣校园文化。协会立足于推动新时代相声文化的进一步发展，进行相声创新，把握时代脉搏，创造大众化的新时代相声文化，坚定大学生的文化自信。组织相声培训，积极培养相声演员，每年开展迎新专场、毕业专场、相声体验周等活动，为学生们搭建了展示个人才艺、提高交际水平的平台。

三、特色活动

1．迎新、毕业专场

每个学年的年初、年末，协会都会分界分别举办迎新、毕业专场。专场内容以相声为主，邀请社内外成员共同参与相声表演。表演内容取材于社会热点时事，结合当代大学生的校园生活和时代特点，反映当代大学生的精神风貌。活动充分调动了学生们对相声的热情，用新颖的形式和内容吸引学生，助力相声文化的传承。

2．相声体验周

相声体验周每学年举办一次，时间持续一周，参与者可以学习说、学、逗、唱这些基本的相声技能，还可以体验转扇子、打快板、穿大褂这些独具相声特色的内容，当一回"相声演员"。该活动帮助大学生了解更多的相声文化，让学生们能够近距离地接触相声文化，展现优秀的相声文化，认同中华优秀传统文化。

四、学生感悟

康同学：南国相声社是一个充满活力和凝聚力的社团。社团活动致力于向当代大学生推广相声曲艺文化，以相声表演的形式为大家带来欢乐。社团将相声文化与当代大学生的需求

相结合，开展迎新专场、毕业专场，以及封箱、开箱专场等活动。社团积极组织创作、改编，积极排练，为同学们带来精彩的相声表演，加深了我们对传统文化的理解。

【演讲与口才协会】

一、基本信息

社团名称	演讲与口才协会	社团类别	文化艺术类
社团星级	5星级	指导单位	环境科学与工程学院
思政指导教师1名		专业指导教师1名	
组织架构	团支书、会长团、理事部、演讲部、宣传部、主持部		

二、社团风貌

西南交通大学演讲与口才协会成立于1997年，以提高交大学子的口才为宗旨。协会致力于培养与锻炼学生们的语言表达能力和人际交往能力，鼓励大学生学习演讲与口才方面的技能，并将其运用到生活中，以演讲为载体，提高心理素质。协会活动立足于当代年轻人，为大学生全面发展和积极心理建设助力，着力将活动打造成交大学子心理文化建设的主要载体，充分发挥文化育人功能。通过举办"话响交大"主题演讲比赛、"扬华杯"主持人大赛、"为爱发声"演讲比赛等一系列活动，提高成员的演讲、辩论能力，加强交大学子的沟通、交流，为大家提供畅所欲言的舞台，让大家体会语言之美，打造专属交大的特色名片。

三、特色活动

1. "话响交大"主题演讲比赛

依托心理咨询与研究中心"3·25"大学生心理文化节，以青年发展和心理建设为主要目的，每学年举办一次。活动分为初赛、复赛和决赛，设置了擂台赛、团队赛等一系列新颖的赛制。鼓励大家走上舞台，展现新时代大学生的精神风貌。至今已经举办了十余届，覆盖青年学生超过30 000人次。

2. "扬华杯主持人"大赛

每学年举办一次，面向全体学生，为广大主持爱好者提供机会，让他们在比赛中尽情感受舞台的魅力，体会主持的快乐，从而得到更加全面的锻炼，提高综合素质。同时，为学校的各大盛会选拔出高水平的主持人才。

3. "奇葩说"辩论赛

"奇葩说"活动每学年举行一次，采用辩论赛形式，主要在协会内部开展。赛题分为两部分，赛前、赛中分别公布，自由组队。现场辩论后，请观众打分，按照票数多少决定名次。

四、学生感悟

彭同学：在演讲与口才协会举办的演讲比赛中，我充分感受到了参赛选手们的热情，学到了演讲技巧，还能够感知青年人应肩负的责任与担当。选手们用激情的演讲告诉我：要有坚定的理想信念，要有高强的本领和才干。演讲与口才协会举办的各类活动，让我学到了很多东西，充分发挥了学生社团的育人功能。

【汉服社】

一、基本信息

社团名称	汉服社	社团类别	文化艺术类
社团星级	3星级	指导单位	人文学院
思政指导教师1名		专业指导教师1名	
组织架构	团支书、会长团、宣传部、活动部、文艺部、学术部、工艺部、九里部		

二、社团风貌

西南交通大学汉服社成立于2013年，旨在传播汉服之美，让更多青年认识汉服、了解汉服、喜爱汉服，汇集同好，增强当代青年的民族自信心。汉服社的创立为校内汉服爱好者提供了汉服、汉文化资源交流分享学习的平台，开展众多与汉服相关的传统文化活动，如"汉服之美"摄影比赛、"华之夭夭"花朝节户外活动、"端阳祭"端午节活动等，帮助学生们体验汉服文化，搭建展示汉服风采的平台，展现我国古代传统服饰、传统节日的魅力，从而提高大学生的艺术水平，增强民族自豪感。

三、特色活动

1. "汉服之美"摄影大赛

大赛每学年举办一次，面向全校师生。摄影内容仅限传统汉服，主题必须表达汉服之美，可单人或组队参加，主要形式为提交汉服摄影作品，展现中华服饰之美，交由大众评委投票决定名次。活动希望能让更多的人领略汉服的风采，通过汉服摄影推广中华优秀传统文化。

2. 花朝节户外活动

花朝节是纪念百花的生日，简称花朝，俗称"花神节"，是汉族传统节日，一般于农历二月初二、二月十二、二月十五或二月二十五举行。为了纪念这一传统节日，协会每学年定期举办花朝节户外活动，学生们身穿汉服，参与传统技艺比拼，感受我国古代传统节日的魅力。

四、学生感悟

彭同学：汉服社是一个有活力的社团，协会活动旨在让身边更多的人关注汉服、了解汉服，感受汉服的魅力。汉服社巧妙地把汉服与汉语言文学相关知识相结合，进行知识普及，在活动中增强学生们的民族自信心，提高综合素质。

【DM 魔术协会】

一、基本信息

社团名称	DM 魔术协会	社团类别	文化艺术类
社团星级	4 星级	指导单位	体育学院
思政指导教师 1 名		专业指导教师 1 名	
组织架构	团支书、会长团、办公室、技术部、策划部、外联部、宣传部		

二、社团风貌

DM 魔术协会成立于 2009 年，旨在以魔术为介质协调人际关系、增强社交能力，繁荣魔术艺术事业，为广大魔术爱好者提供展示平台。协会所有活动都以学生为主体，让学生在活动中能从容上台、尽情表演，展现出交大学子的风采。协会立足于当代大学生，重点在于传播魔术技巧，促进学生互动交流，让学生们通过魔术来增强自身的社交能力、表演能力，促进学生全面发展。协会每学年承办"魔力之星"校园魔术比赛、魔术专场晚会、"魔术秀"魔术比赛三个校园大型文化活动以及其他一些小型魔术交流活动，促进大学生成长。

三、特色活动

1. 魔术专场晚会

魔术专场晚会每年度举办一次，全校师生皆可观看。协会选取最为精妙的魔术内容进行呈现，主要以舞台魔术和近景魔术为主。该活动旨在弘扬魔术文化，展现交大学生的风采。晚会锻炼了学生的应变能力，培养了大学生的沟通能力，活跃了校园气氛。

2. "魔力之星"比赛

"魔力之星"比赛每学年举办一次，作为一种魔术竞技活动，面向全体学生，为学生们提供展现自己的才华、检验表演水平的机会，也是一个让选手互相切磋、提高表演技巧的机会。该活动旨在让魔术走入大众的视野，增添娱乐氛围，缓解学生的心理压力。

四、学生感悟

丁同学：DM 魔术会通过举办"魔力之星"等活动，培养大学生的兴趣，让大学生的生活有了艺术趣味。协会还帮助同学们提高魔术表演技巧，让大家积极上台演出，提高综合素质，更好地丰富自我、发展自我。

【摄影协会】

一、基本信息

社团名称	摄影协会	社团类别	文化艺术类
社团星级	2星级	指导单位	人文学院
思政指导教师1名		专业指导教师1名	
组织架构	团支书、会长团、技术部、新媒体部		

二、社团风貌

摄影协会于1989年创立，是西南交通大学历史悠久的社团之一。协会努力为有摄影兴趣的同学提供发展个性的平台，促进个体身心发展，丰富课余生活，鼓励大学生进行摄影创作，让大学生学会在生活中发现美。摄影协会是众多交大摄影艺术爱好者的聚集地，会不定期举办与摄影相关的活动，如摄影技术培训、外拍、摄影比赛以及摄影讲座等。同时，也会为学校其他活动提供摄影方面的支持，积极配合学校进行相关宣传工作，提供较为专业优质的摄影内容，展现热心积极、友好互助的精神风貌。协会依托互联网新媒体平台，提供活动宣传、摄影作品欣赏等模块内容，传播摄影知识，给大学生提供摄影作品探究交流的机会，努力推动摄影技术与艺术在大学校园中的传播。

三、特色活动

1．摄影技术培训大会

协会每年举行摄影技术培训大会，主要邀请协会中擅长摄影技术的同学为协会成员进行讲座，内容包括摄影的机位选取、灯光使用、构图取景、拍摄技巧以及摄影后期软件的使用技巧等，全方位、多角度地为大家传授高效有用的摄影技术，提高大家的摄影水平，努力创作出优质的摄影作品。

2．摄影比赛

摄影比赛是协会按年度举办的特色活动，面向全体学生征集摄影作品，进行线上投票评选。摄影主题往往与身边的环境相关，拍摄富有交大特色和生活气息的摄影作品。例如，以体育运动为主题的"运达杯"体育节摄影比赛、"精彩瞬间"体育摄影比赛，以校园风光为主题的"光影交大"摄影比赛，以美食为主题的"唯有爱喝美式不可辜负"摄影比赛等，鼓励大家用照片记录多姿多彩的校园生活。

四、学生感悟

刘同学：摄影协会是一个富有凝聚力的社团。在协会中，我们能够看到其他摄影爱好者分享的作品。此外，还能在协会中学到很多关于摄影技巧、摄影设备等方面的知识。在摄影协会，我结识了和我有共同爱好的同学，参加了不少摄影活动，提高了摄影创作水平，极大地丰富了课余生活，有利于充实自己的精神世界，培养自己发现美的能力。

【粤语社】

一、基本信息

社团名称	粤语社	社团类别	文化艺术类
社团星级	3星级	指导单位	利兹学院
思政指导教师1名		专业指导教师1名	
组织架构	团支书、会长团、外联部、活动部、宣传部、办公室		

二、社团风貌

西南交通大学粤语社成立于2014年，旨在丰富大学生的校园生活，展现大学文化的多元性。协会以粤文化为活动内容，将宣传粤语和粤文化为己任。开展粤语课堂、国庆游园等一系列活动，融入粤语、早茶文化等元素，为大学生搭建一个可以近距离接触粤语以及粤文化的平台，帮助同学们更好地体验粤语和粤文化，让同学们在业余时间能轻松地多学一种流传面较广的方言。协会开展各种与粤文化相关的活动，提供粤语教学、粤语电影欣赏等，有助于对粤语感兴趣的同学学习粤语并了解粤文化，让同学们在课余时间能够了解不同的地域文化，拓展知识面。

三、特色活动

1. 粤语课堂

粤语课堂在每学年都会开设，主要邀请来自粤语区的同学进行授课培训，面向全体学生，以粤语为基点，带领大家了解粤语背后的粤文化。活动旨在向同学们教授粤语，以课堂的形式进行友好交流，诙谐生动地向大家讲授粤文化，帮助大家领悟粤语的魅力，在学习粤语的过程中提高交际能力。

2. 国庆游园活动

国庆游园活动在每年国庆前后举办，面向全体学生。活动设置了重重关卡，激励学生在闯关中学习粤语、体验粤文化。关卡设置时皆以粤语为主题，如唱粤语歌、猜测粤文化区风俗等，内容丰富，寓教于乐。学习粤语，也可以让大学生在今后的工作、生活中多一项技能。

四、学生感悟

姚同学：粤语社所举办的活动能够很好地宣传粤语和粤文化。比如，在粤语课堂活动中，我看到同学们对粤语和粤文化十分感兴趣，尤其是早茶文化。在参加活动后，我较为系统地学习了粤语和粤文化，受益匪浅。

【刀笔油画协会】

一、基本信息

社团名称	刀笔油画协会	社团类别	文化艺术类
社团星级	4星级	指导单位	图书馆
思政指导教师1名		专业指导教师1名	
组织架构	团支书、会长团、办公部、活动部、创作部、宣传部、九里部		

二、社团风貌

西南交通大学刀笔油画协会成立于2015年，致力于推广新兴艺术刀笔油画，以"发展新型艺术，绘画多彩人生"为宗旨。协会以各种特色活动为载体，为大学生提供艺术交流平台。协会以线上线下相结合的活动方式，开展"刀笔油画系列讲座"、学生优秀作品展、全校范围的书签绘画大赛等一系列活动，宣传绘画知识、技法，推广刀笔油画新型艺术，让大学生感受绘画艺术的魅力，记录美好生活。同时，协会还开展专业指导，为零基础但喜欢绘画的大学生提供一个学习的平台，提高大学生的绘画技艺，推动大学生交流，营造团结友爱、互帮互助、充满艺术感的氛围，展现新时代大学生积极向上的精神面貌。

三、特色活动

1．书签彩绘比赛

协会每年举办书签彩绘比赛活动，展示学生独特的创新才艺。活动面向全体学生，参赛者需要使用由协会统一提供的空白书签，以笔传情，用画传思。该活动以优秀的书画作品引导和教育青年学生，旨在提高大学生的文化修养，增强文化自信。

2．文创设计大赛

协会每年度面向西南交通大学全体在校学生，开展西南交通大学图书馆文化创意产品设计大赛，要求以西南交通大学图书馆文化、馆藏珍贵文献为题材，融合四川特色工艺，进行文化创意产品设计。赛程近一个月，期间协会还会邀请相关专家开设讲座，辅助参赛者进行创作。

3. 零基础刀画体验日

协会定期开展"零基础刀画体验日"活动，学生们首先参加以刀画为主题的讲座，然后在协会成员的带领下，尝试用刀笔油画的形式绘制属于自己的书签或者单个元素，绘制的作品可自行带走留作纪念。

四、学生感悟

陈同学：刀笔油画协会是一个旨在帮助当代大学生提高学习技能、艺术文化修养的社团，借助传统刀笔油画的独特形式，彰显刀画艺术的独特魅力。协会主张将艺术与生活相结合，开展了诸如面具绘、书签彩绘创作活动、书画作品展等源于生活又高于生活的社团活动，还会积极地开展练笔活动，帮助我们强化绘画技能。

【齐契古风社】

一、基本信息

社团名称	齐契古风社	社团类别	文化艺术类
社团星级	3星级	指导单位	图书馆
思政指导教师1名		专业指导教师1名	
组织架构	团支书、会长团、两艺部、天工部、扬礼部、外联部		

二、社团风貌

大学生齐契古风社成立于2015年。"齐契"二字，取自《兰亭序》中"乃携齐契，散怀一丘"，意指志同道合的朋友，又有"同心默契"之意。齐契古风社以弘扬中国传统文化为宗旨，秉持"要让丰富的知识灵活有趣地进入学生的头脑"的原则，以歌曲、舞蹈、知识竞赛等为载体，开展古风晚会、天工手工活动、飞花令等趣味竞赛，积极宣扬传统文化知识，提高大学生对传统文化的兴趣，培养大学生对中国文化的兴趣，增强大学生对中华文化的认同感，使大学生爱沟通、勤沟通、善沟通，能合作、会合作、乐合作，提高个人能力和团队协作能力。

三、特色活动

1. 古风晚会

每年中秋佳节，齐契古风社都要开展"中秋国风晚会"系列活动，全校师生皆可参与，表演人员主要为协会成员，节目形式多样，内容丰富精彩。活动会邀请广大师生共度中秋，实现"另类"团圆。该活动增进了大学生对优秀传统文化的了解，以歌唱、舞蹈、走秀以及书画等诸多形式呈现，深入人心，传播中国情怀，传承中国文化。

2．传统文化知识竞赛

为了纪念孔子诞辰以及增进大学生对传统文化的了解，齐契古风社每年开展"9·28"孔子诞辰日系列活动。活动鼓励参赛者共同致敬孔子并了解传统文化，用竞赛答题的形式体现自己对活动主题的理解。活动以趣味竞赛的形式，结合中国古代文化小游戏，传播中华优秀传统文化知识，为大学生的日常学习、生活带来乐趣，加深同学们对传统文化的了解。

四、学生感悟

马同学：齐契古风社团是个充满朝气的社团。社团活动将传统文化与当代大学生的生活相结合，让古装与情景走秀在精致的舞台上碰撞，让经典唱段与说唱相结合，让书法与流行音乐相融，打造别样的视听体验。这些创意和构思不仅可以展现古风美，让我们深入了解古风与传统文化，而且能激起我们对美好生活的追求。

【民族团结文化交流协会】

一、基本信息

社团名称	民族团结文化交流协会	社团类别	文化艺术类
社团星级	3星级	指导单位	信息科学与技术学院
思政指导教师1名		专业指导教师1名	
组织架构	团支书、会长团、宣传部、外联部、活动部、文艺部		

二、社团风貌

民族团结文化交流协会成立于2016年。协会秉持"各民族要像石榴籽一样紧紧拥抱在一起"的理念，以铸牢中华民族共同体意识、团结各民族同学为己任。协会创新活动内容与形式，通过线上线下、校内校外相结合的活动方式，宣传民俗、歌舞、服饰、民间手工艺术、语言、文学、节庆等民族特色文化、民族优秀传统文化，促进各民族之间的沟通与交流，加强各民族之间的友谊，增强民族凝聚力。协会开展"出云之月晚会""走进彝风线上游园会""篮球友谊比赛""达体舞教学课堂""新生迎新聚会""毕业生欢送会"等一系列活动，宣扬彝族文化，展现彝家风采，彰显彝文化魅力。通过"听说读写"四种语言习得方式，展示以"毕摩""哭嫁"为代表的彝族民风民俗、以彝族特色歌舞为载体的彝族文化，激发交大各民族学子参与活动的积极性，展现了各族青年学子的青春活力与风采。

三、特色活动

1."出云之月"晚会

为了弘扬少数民族优秀传统文化，展示彝族的民族服饰、审美风格、风俗习惯等，协会开展"出云之月"晚会活动,用富有彝族特色的歌舞表演形式,生动直观地展现彝风彝俗,拓宽大学生的审美视野,促进彝文化的传播与交流。该活动增强了彝族同学的文化自信和民族认同感,加强协会成员之间的情感交流,促进各民族同学对彝族文化的进一步理解,促进民族团结。

2. 彝族年活动

彝族年,彝语称为"库史",于2010年5月18日入选"第三批国家级非物质文化遗产"民俗项目。协会每年都会庆祝彝族年,表演民族歌舞,享用彝族特色美食,将彝族积极向上、纯良朴实、热情好客的民族性格传达出来,展现少数民族优秀传统文化的魅力。活动吸引了全校对彝族文化感兴趣的同学加入,大家共同传承和发扬彝族优秀传统文化。

四、学生感悟

赵同学:彝文化协会举办了"彝历新年晚会""走进彝风游园会""火把节"等诸多有益的活动,在加深各民族对彝族文化认识的同时,丰富了我们的课外生活。在火把节活动中,热情的彝族同学点燃篝火,手把手地教大家跳起了彝族舞蹈,大家伴着民族乐曲,手牵着手、心连着心,载歌载舞,在活动中建立了深厚的友谊。

【扬音音乐社】

一、基本信息

社团名称	扬音音乐社	社团类别	文化艺术类
社团星级	2星级	指导单位	人文学院
思政指导教师1名		专业指导教师1名	
组织架构	团支书、会长团、活动实践部、宣传外联部、组织办公部、九里分会		

二、社团风貌

扬音音乐社的前身是"扬音吉他社",成立于2013年。协会秉承"为音乐而梦想,为梦想而扬音"的初心,自创建以来,一直以青春和音乐为中心,以形式丰富多样的校园活动为载体,为展现交大学生朝气蓬勃、活力四射的青春面貌而不断奋斗,为广大同学提供了一个接触音乐、参与音乐、交流音乐的优良平台。2022年6月,为整合校内资源,更好地服务学校师生,扬音吉他社与MOONLIGHT钢琴社合并,更名为"扬音音乐社"。扬音音乐社发挥音乐文化的教育功能,积极开展"草坪音乐节"路演、扬音音乐晚会等多项具有社团特色的活动,以音乐为纽带,吸引了一批热爱国家、热爱学校、热爱生活的音乐爱好者加入。

三、特色活动

1."草坪音乐角"校园路演

协会每周五开展"草坪音乐角"校园路演活动。活动为社员、非社团成员提供了展示自己的舞台,为热爱音乐的同学提供了一个良好的交流环境,营造了轻松愉悦的校园环境,孕育了丰富多彩的"操场文化"。活动传达出音乐的魅力,得到了"交大有思"等校级新媒体的推送报道,在全校范围内产生了较好的影响,累计约有2 000人次参加。

2."你被我浪漫"主题音乐会

社团举办了"你被我浪漫"主题音乐会,从确定参演人员、准备音乐会表演节目、提前租借场地到最终的海报设计和宣传工作,成员们的团队协作能力和舞台表演能力都得到了有效的锻炼。通过音乐,社团成员与听众之间的距离拉近了,给大家留下了宝贵的回忆。

3."琴韵心声"线上音乐挑战赛

充分利用新媒体技术,连续三年举办"琴韵心声"线上音乐挑战赛,鼓励同学们演奏自己的作品。三年中,大家创造了许多种不同乐器演奏的作品,许多才华横溢的同学脱颖而出。

四、学生感悟

刘同学:扬音音乐社是一群具有音乐才能并且热爱音乐的青年学生组成的社团。协会举办的活动形式多样、内容丰富,会员们在其中展现了饱满的精神和不俗的控场能力。例如,每个周末晚上在体育场举办的草坪音乐会深受大家的喜爱。我们在经历了一周的忙碌学习后,约上要好的同学去体育场听听音乐,是一件非常愉悦的事情。

【白日梦影社】

一、基本信息

社团名称	白日梦影社	社团类别	文化艺术类
社团星级	4星级	指导单位	图书馆
思政指导教师1名		专业指导教师1名	
组织架构	团支书、会长团、影评部、宣策部、放映部、外联部		

二、社团风貌

白日梦影社(原名西南交通大学电影协会)创办于1996年,源于电影爱好者对电影艺术的热爱,为喜爱电影的同学们提供了一个自由交流的平台。协会致力传播积极向上的价值观,引领同学们的思想健康成长。协会定期在图书馆C508放映厅举办每周放映、百影讲堂等活动,为大家带来有深度、有广度的观影体验;举办贴合大学生兴趣的活动,以多样的视角观

察、解读电影世界，并开设微信公众号等新媒体平台，公布各种活动的预告、开展情况以及其他与电影有关的信息，协助学校以电影的形式开展思想文化教育，提高大学生的文化素养和水平。

三、特色活动

1．百影讲堂

为了让更多的同学感受电影的魅力，百影讲堂面向全体师生招募主讲人，由其分享与电影有关的感受，内容包括故事剧情、表现方法、演员导演、构图配乐。活动每学期开展一次，采用线上线下相结合的形式，为众多电影爱好者提供交流的平台。活动用新形式"讲好电影"，推陈出新，传播优秀电影文化。

2．巡回影展放映

协会定期开展巡回影展的放映活动，让同学们感受更多种类的影视作品。还设置了导演互动环节，让大学生从整体上感悟电影的艺术特色和文化内涵，从多视角解读电影，了解电影作品所处的时代、文化背景，拓展知识面，助力学生们陶冶情操、拓宽眼界，进而思考现实生活，思考人生。

四、学生感悟

陈同学：白日梦影社举办的百影讲堂活动提供了很好的平台，参与者在其中可以尽情分享自己的观点，观众也能够从中了解更多有关电影的知识，是我们难得的学习机会。同学们的分享都很精彩，能够结合电影本身发表独特的见解，思考深刻，以后我争取也能够作为主讲人参加活动。

【魔方协会】

一、基本信息

社团名称	魔方协会	社团类别	文化艺术类
社团星级	4星级	指导单位	信息科学与技术学院
思政指导教师1名		专业指导教师1名	
组织架构	团支书、会长团、宣传部、活动部、技术部、办公室		

二、社团风貌

西南交通大学魔方协会以"热爱魔方，展现自我"为社团宗旨，由一群热爱魔方的学生组建。社团的口号是 "热爱魔方，为交大魔方文化贡献自己的一份力"。魔方协会旨在帮助对魔方感兴趣的同学了解魔方，以一系列魔方特色活动为载体，提供专业的魔方教学，提供最公平的比赛环境，帮助魔方爱好者提高自己的技术水平，同时推广魔方文化。为了提高西南交通大学魔方协会在高校社团中的影响力，协会也会持续与成都市其他高校的魔方协会合作，共办高校魔方联赛，推进成都市魔方文化的发展。

三、特色活动

1. 三阶魔方教学

为了向所有爱好者提供一个学习交流的平台，魔方协会每年度会开展三阶魔方教学活动，邀请魔方讲师进行统一讲解。爱好者接受系统的培训并亲手实践后，能够自主独立地复原整个三阶魔方。

2. 魔方速拧大赛

魔方是一项竞速性的智力运动，为了促进参赛选手水平的提高，魔方协会定期会举行速拧大赛。速拧大赛包含二阶、三阶、四阶和趣味一面复原等项目，大赛配备专业的打乱员和魔方专用计时器，创造公平专业的比赛环境。速拧大赛是对参赛选手自身还原速度的检验，充分展现魔方竞速性的特点。协会负责为高校魔方联赛选拔、推荐人才。

四、学生感悟

曹同学：魔方协会是一个充满活力的社团，活动致力于推广魔方，让更多的人认识魔方。拧魔方能够训练手眼协调能力，提高记忆力。魔方的还原过程是一个系统过程，在快速还原过程中必须保持注意力高度集中，使手部协调运动，思维高速运转。魔方协会把学校里爱好魔方的同学集中起来，在轻松活泼的氛围中一起探讨、研究关于魔方的问题，不但促进了同学之间的交流与协作，还提高了同学们的自主创新能力。

【茶文化协会】

一、基本信息

社团名称	茶文化协会	社团类别	文化艺术类
社团星级	2星级	指导单位	人文学院
思政指导教师 1 名		专业指导教师 1 名	
组织架构	团支书、会长团、宣传部、综合部、活动部、外联部		

二、社团风貌

西南交通大学茶文化协会创立于 2016 年，一直致力于弘扬中华茶文化，与茶文化的爱好者们一起领略绿、白、黄、青、红、黑中的大千世界，了解中国传统茶艺，感受传统中国的文化内核。正所谓"一味口感，变化万千春水生津，秋香沁心""人生如茶沏未满，天下君子

皆不争"。感悟人生，从品茶开始，而茶文化的神奇之处正在于此。中国是茶的故乡，是世界上最早发现茶和利用茶的国家，作为国之饮品，茶对中国人来说有着重要的意义。茶之一味早已浸润到中国传统文化之中，数千年来以独特的方式感染着每一位国人的日常生活和精神审美。

茶文化协会从茶叶出发，努力为同学们提供品鉴中国各种茶类的机会，鼓励大家以茶会友，感受茶的魅力，从中感受中国传统文化的魅力。

三、特色活动

1. 茶文化传统文化周

茶文化传统文化周活动的主要内容是让交大学子共品清茶，共闻清香，共叙友情，开展茶道体验，让学生们体验茶中的人生百味。活动让大家了解茶文化协会，了解中国茶文化知识，继承和发扬中华民族优秀传统文化。

2. 茶艺文化线上知识讲座

协会的知识讲座以中国传统文化——茶艺文化为载体，以学习茶艺知识为主体，向同学们传播茶文化知识，同时让大家通过茶文化知识竞赛，通过识茶、识器、品茗等方式，让同学们共品清茶，共闻清香，了解中国茶文化知识，学习中华民族"和""静"的优秀传统美德，培育有涵养的高素质人才。

四、学生感悟

路同学：茶文化协会通过举办茶文化知识竞赛、茶文化知识讲座、传统文化周等一系列丰富多彩的社团活动，积极践行发扬中国传统文化的宗旨，向全校同学宣传中国传统茶文化，提高我们对传统文化的认识，让我们在思想、道德和文化等方面得到提升。

【广告创意协会】

一、基本信息

社团名称	广告创意协会	社团类别	文化艺术类
社团星级	2星级	指导单位	人文学院
思政指导教师1名		专业指导教师1名	
组织架构	团支书、会长团、宣传部、技术部、组织部、外联部		

二、社团风貌

广告创意协会成立于2019年，在保障广告专业师生学习生活良好发展的同时，致力于提高我校学生对广告、创意领域的认识与兴趣。协会为广告创意爱好者提供跨学科交流平台，开展"大学生广告艺术大赛"校内宣讲、云平台命题解析等讲座，培养 PS、PR、摄影、公众号推文排版等相关技术，积极促进校内文科与理工科的交流碰撞。协会宣传并扩大了广告学、传播学等文科专业的影响力，并带动理工科学子一同创新，以创意为驱动，让不同专业的同学与广告学子进行碰撞，以达到思想交流、开拓思维、融合创新的效果。广告创意协会作为广告学发展进步和多学科交流并进的平台，为西南交通大学的学科融合与学科竞赛贡献力量。

三、特色活动

协会创意联动

协会不定期与其他社团联合开展创意课题的设计工作，如废弃渔具回收再利用探索 HACKATHON，主要介绍废弃渔具对海洋和人类健康的危害，由指导老师主持废弃渔具回收再利用讨论会，先进行活动预热，分组进行小组讨论、产品共创与成果产出；然后，团队成员就各自的创意产品向评审团进行展示和解说。评审团为优秀作品颁奖，奖项包括最佳创意、最佳设计奖、最佳工程奖、最具市场潜力奖等。

四、学生感悟

李同学：广告创意协会是一个非常有创意与责任感的社团，朋辈座谈会、创意协会联动等活动的开展极大地激发了大学生对创意的热情。我们能在其中学习到优秀学长学姐和老师分享的思维方法与案例，能学习到 PS、PR、AE 等专业知识和技能，并将这些技能在实践中运用。在协会举办的活动中，我感受到了大家的活力与热情，感受到了专业态度，学会了用创意思维和辩证态度去看问题。

【ZERO° 广播剧社】

一、基本信息

社团名称	ZERO° 广播剧社	社团类别	文化艺术类
社团星级	2 星级	指导单位	图书馆
思政指导教师 1 名		专业指导教师 1 名	
组织架构	团支书、会长团、CV 部、后期美工部、策编部、外联部		

二、社团风貌

ZERO° 广播剧社成立于 2019 年，是一群热爱广播剧和配音的小伙伴们的聚集地。广播剧社以"用声音诠释世界，体会声音的力量"为宗旨，贯彻落实学校美心工程，提高学生在声音艺术方面的审美素养。协会以独具声音特色的活动为载体，通过广播剧、声音晚会等多样化的节目形式，展现声音艺术的魅力，提高同学们利用声音沟通表达的能力，宣传普及声

音艺术这一生活中处处可见但不怎么被关注的艺术形式。通过这些文娱活动，以及配音后期相关技能培训等，帮助大学生掌握实用的技能技巧，提高大学生的艺术审美素养。社团成员因共同爱好而相聚，致力于声音形式的表演和广播剧的普及，始终坚持向"精品化""社会化"方向发展，推动校园文化建设。

三、特色活动

1."音你心动"声音晚会

声音晚会是广播剧社的特色活动，包含歌曲、诵读、乐器、配音等节目，通过多样化的节目形式，宣传普及声音艺术，提高同学们的沟通表达能力，创作新颖的表演节目。

2．剧本创作大赛

活动通过比赛的方式，促进剧本写作爱好者之间的交流，选拔优秀的广播剧剧本。比赛不命题，可自由选择主题进行创作，由协会的评审人员共同评选出优秀的作品。比赛采用双赛道的形式，即经典赛道与自由赛道，为喜爱写作和广播剧的同学提供展示自我的平台。

3．广播剧制作与展播

协会通过"线上直播+后续广播剧推出"的方式，带领同学们进入声音世界，体会声音的魅力。社团目前有三部作品已经发表，分别是全一期抗疫广播剧——《不哭，不输》、全一期校园廉洁文化广播剧《清风之音》、原创民国爱国主题广播剧《逢时》。作品的剧本改编、配音录制和后期制作均由社团成员完成，并在B站、猫耳等平台发布。

四、学生感悟

杨同学：ZERO°广播剧社通过举办剧本大赛、配音大赛、声音大会、广播剧制作与展播等一系列丰富多彩的活动，推广广播剧这一独特而富有魅力的剧种，让我们接触、了解、热爱广播剧。开展练声等活动，既训练了我们对声音与情绪的掌控能力，也提高了同学们的自信心和表达能力。

【岗拉梅朵锅庄协会】

一、基本信息

社团名称	岗拉梅朵锅庄协会	社团类别	文化艺术类
社团星级	2星级	指导单位	党委学生工作部
思政指导老师1名		专业指导教师1名	
组织架构	团支书、会长团、外联部、活动部、文艺部、办公部、宣传部		

二、社团风貌

岗拉梅朵锅庄舞协会成立于 2017 年，是由在校的藏族大学生组成的藏文化交流与文艺社团。协会在成长的过程中，秉持"促进藏文化交流，加强各民族团结"、始终坚持团结的理念，以传承民族知识、弘扬民族文化为己任，以独具民族特色的活动为载体，鼓励更多的人关注、了解民族文化。通过开展民族特色晚会和藏文化节等一系列活动，为在校大学生提供了解民族文化、学习民族知识、结交民族朋友的机会。协会鼓励同学们积极尝试藏族舞蹈、歌曲、服饰、美食，在实践中增加对少数民族的了解，营造团结友爱、互帮互助的良好氛围。

三、特色活动

1．藏文化节

活动向交大师生展示了藏民族的书法、饮食、信仰、服饰等文化特色。师生们可以现场品尝藏族美食，欣赏藏族文字，穿上藏族服装拍照留念。活动为同学们提供了解藏民族文化的机会，激发同学们对少数民族文化的兴趣，调动广大同学对少数民族文化传播的积极性。

2．锅庄舞运动舞蹈超市

为了推进大学生文化素质建设，岗拉梅朵锅庄协会积极参与学校"运动舞蹈超市"课程，鼓励同学们积极学习锅庄舞，体会藏族同胞的热情与真诚，也为全校同学搭建表现自己、展现风采的平台，实现优秀民族文化的有效融合与传播。

四、学生感悟

塔青同学：岗拉梅朵协会以藏族学生为主体，秉持"促进藏文化交流，加强各民族团结"理念，通过各种形式的藏文化活动，为我们一点点揭开雪域高原的神秘面纱。社团举行各种活动，增强了民族之间的凝聚力，也组建了舞蹈队，让更多的人了解藏族舞蹈，了解藏文化。

【陶艺社】

一、基本信息

社团名称	陶艺社	社团类别	文化艺术类
社团星级	1 星级	指导单位	设计艺术学院
思政指导教师 1 名		专业指导教师 1 名	
组织架构	团支书、会长团、外联部、执行部、策划部、办公室、宣传部		

二、社团风貌

陶艺社成立于 2020 年。陶瓷文化是先民劳动智慧的结晶,更是一张让世界了解中国的明信片。协会以"以陶塑人,修身养性"为宗旨,以独具中国传统文化特色的陶瓷艺术活动为载体,拓展教育教学内容和形式,以助力大学生美术教育为己任,融入陶瓷历史文化、陶瓷制作技巧、陶瓷艺术创新等实用性内容,帮助大学生学习陶瓷相关知识,增长对中国传统文化的理解,并在新时代赋予传统陶瓷以新的活力。协会成员一起开展"陶瓷青花绘制""陶瓷艺术课程讲座"系列陶瓷制作大赛和陶瓷文化普及等一系列活动,为学习传统文化技艺以及扩大高校美育在大学校园中的影响而努力。

三、特色活动

1．陶艺制作活动

为了助力大学生美育,提高大学生的审美能力,陶艺社组织同学们举行陶瓷制作活动。该活动旨在培养同学们的动手能力,增进同学间的感情,学习传统陶瓷艺术技法。活动以授课形式开展,由老师与同学现场示范讲解,让同学们能深刻了解并学习陶瓷制作方法。

2．陶瓷青花绘画之旅

该活动鼓励大家大胆表达自我,以青花料为墨、以胎体为纸,表现自己的创意构思。在活动中,同学们将自己的想法挥洒在素坯之上。作品反映了同学们的奇思妙想,使青花瓷古朴的瓷器形式有了新的表达方式。

四、学生感悟

王同学:陶艺社举办陶瓷青花绘画之旅、陶瓷制作授课等活动,充分体现了"以陶塑人、修身养性"的宗旨。丰富有趣的活动让全校同学了解了陶瓷艺术,提高了文化艺术修养。学会通过开展陶艺活动,教授陶瓷艺术文化知识,引发大家对陶艺创新的思考。同学们独立完成属于自己的陶艺作品,表达自己对于陶艺的感悟,加深对陶瓷烧成工艺的认识,拓宽了知识面。

【承唐歌友会】

一、基本信息

社团名称	承唐歌友会	社团类别	文化艺术类
社团星级	3 星级	指导单位	茅以升学院
思政指导教师 1 名		专业指导教师 1 名	
组织架构	团支书、会长团、声乐部、器乐部、事务部、宣传部		

二、社团风貌

西南交通大学承唐歌友会成立于2021年，秉承"唱响心灵之曲，丰富校园文化"的理念，以歌唱表演为核心，在全校范围内举办路演、毕业歌会等系列活动，旨在丰富校园文化活动，展现交大大学生积极向上的精神面貌，倡导健康高雅的文化活动。协会为同学们提供一个歌唱自我的平台，促进学生对音乐的热爱。协会对大学生进行基本的音乐素质教学，提高演唱能力，让同学们在声情并茂的歌唱艺术中培养审美情趣，提高人文修养，提高对艺术的欣赏，培养想象力、创造力，提升人的精神境界，给人以情感慰藉，助力校园文化构建，培养德智体美劳全面发展的社会主义建设者和接班人。

三、特色活动

1．毕业歌会

临近毕业季，协会都要举办一场大型音乐会，借助音乐的力量，让毕业生在交大的最后一段时光感受母校的情怀，在歌曲表演中表达对即将毕业的同学们的祝福和鼓励。该活动用歌声拉进大家的距离，促进学生之间的交流，丰富大学校园生活，营造和谐有爱的校园文化氛围。

2．"红流咏叹"——红色流行歌曲专场演唱会

协会创新开展红色流行歌曲专场演唱会——红流咏叹。活动将红色歌曲与流行文化相结合，碰撞出了新的火花，以学生喜闻乐见的方式进行再创造，翻演和改编一系列符合社会主义核心价值观的流行歌曲、红色歌曲，宣传和普及红歌文化，唤起人们的红色记忆，加强革命传统教育，升华爱国情怀。

四、学生感悟

吴同学：承唐歌友会的大多数成员都有登台演唱的机会，我们都特别喜欢。社团丰富了校园文化生活，激发了学生对音乐的兴趣，培养了学生的音乐审美能力，美化了学生的心灵，陶冶了学生的情操。协会在开展活动时，会根据成员们的特点和个性来安排，着力锻炼、提高社团成员的能力、素质，让大家真正感受到音乐的魅力。

【犀源诵读爱好者协会】

一、基本信息

社团名称	犀源诵读爱好者协会	社团类别	文化艺术类
社团星级	4星级	指导单位	图书馆
思政指导教师1名		专业指导教师1名	
组织架构	团支书、会长团、宣传部、活动部、培训部、办公室		

二、社团风貌

犀源诵读爱好者协会成立于 2017 年。协会以各种形式的朗诵活动为载体，以培养朗诵爱好者专业水平、推广朗诵艺术、培养大学生朗诵和鉴赏能力为目的，提高朗诵者的语言表达能力，发挥语言感染力，做到让朗诵者更自信、更有气质，让听众感受到精神愉悦。协会以独具朗诵特色的活动为主体，辅助开展各项团日活动和志愿活动。社团内部成员带动其他同学一起朗诵，开展"9·28孔子诞辰纪念日诵读展演活动""'犀源杯'美文诵读大赛""4·23世界读书日诵读活动"等展演、群众诵读活动，从朗诵技巧上切实帮助大家。鼓励同学们阅读经典好文并诵读，分享好文好段，增长同学们的朗诵技能，营造全民阅读、全民朗诵的好风气。协会致力于通过多样化的活动培养大学生的兴趣爱好，挖掘大学生的潜能。

三、特色活动

经典美文朗诵活动

为了进一步活跃校园文化艺术氛围，弘扬中华优秀传统文化，提高大学生审美与艺术素养，展现当代新青年风采，犀源诵读爱好者协会开展"犀源杯"经典美文诵读大赛。活动以诵读比赛的形式开展，赛程分为线上初赛、线下复赛、决赛，采取专家评审团打分的方式，评出各赛段入围选手与最终获奖选手。为热爱朗诵和文学的交大学子搭建了展现自己风采的舞台，通过诵读经典美文，达到文化熏陶、智能锻炼与人格培养的目的。

四、学生感悟

熊同学：犀源诵读爱好者协会通过举办"9·28孔子诞辰纪念日诵读"展演活动、"犀源杯"美文诵读大赛、"4·23世界读书日"诵读活动等一系列丰富多彩的活动，提高了会员的综合素养，培养了会员的朗读能力，激发大家对中国文化的热爱。本学期社团活动所选的朗诵内容，如朱自清的《背影》、王勃的《滕王阁序》等都是经典美文。这些诵读经典的活动，不仅培养了会员的朗读兴趣，而且在校园里掀起了全民阅读的浪潮。

【传统手工艺体验协会】

一、基本信息

社团名称	传统手工艺体验协会	社团类别	艺术文化类
社团星级	1 星级	指导单位	建筑学院
思政指导教师 1 名		专业指导教师 1 名	
组织架构	团支书、会长团、实践部、宣传部、材料部		

二、社团风貌

西南交通大学传统手工艺体验协会成立于2023年。传统手工艺是中华民族传统文化的重要组成部分，在现代大工业的进程中，越来越多传统手工艺遭到忽视。如何传承传统手工艺，值得我们深思。扎染是传承了千年的民间传统手工艺技艺，其价值是多元的，承载着历史、文化、艺术审美、劳动者的智慧等。协会选取以扎染为代表的特色传统手工艺让大学生进行学习与体验，让同学们共同感受扎染这项民间手工传统艺术的神奇魅力，使更多的人了解我国传统手工艺技艺及其宝贵价值，同时进行美育教育，培养大学生的道德情操，鼓舞大学生热爱传统文化、热爱手工艺技艺。

三、特色活动

扎染初体验

协会经常组织"扎染初体验"活动，以传统手工艺中的扎染手艺为重点，让大学生体验与学习传统手工艺。扎染，古称扎缬、绞缬、夹缬和染缬，是传承了千年的民间传统手工技艺，是汉族民间传统染色工艺。扎染不仅是我国传统手工艺之一，也是我国非物质文化遗产之一。协会立足学校、立足课程、立足教材，结合实际，开展传统文化进校园活动，让会员在实践中体验传统手工艺之美。

四、学生感悟

王同学：在协会举办的活动中，我第一次看见扎染技术走出电视屏幕，真实地呈现在面前。扎染出来的衣服和绢布很漂亮。扎染看似简单，但实际操作起来也有许多技巧。我染出了属于自己的T恤，虽然不算好看，但我特别喜欢。扎染活动让我感受到了传统文化的魅力，希望下次还能有机会参加。

【模型社】

一、基本信息

社团名称	模型社	社团类别	文化艺术类
社团星级	1星级	指导单位	建筑学院
思政指导教师1名		专业指导教师1名	
组织架构	团支书、会长团、宣发部、活动部、技术部、策划部		

二、社团风貌

西南交通大学模型社成立于2022年，坚持以美育人、以文化人，提高学生的审美能力和人文素养。协会以"挖掘潜力，敢想敢做，实践出真知"为宗旨，培养学生的模型艺术思维和相关实践能力,为交大学子搭建模型制作交流与学习的平台;推广模型文化,丰富校内文体活动。模型制作也是交大多个学科如建筑、景观、土木、设计等专业学习过程中必不可少的教学环节,协会为学科专业成果展示提供了平台。协会以模型制作交流为核心内容,通过组织模型集体制作、交流分享会、模型展览等活动宣传推广模型文化,将交大热爱模型的同学聚集在一起,交流模型技术,分享制作心得,让同学们将课堂知识运用到实践中去,培养艺术审美能力、动手能力以及理性思维能力。

三、特色活动

1. 模型分享会

协会定期举办社团内部的模型交流分享会,协会成员展示自己制作的各类模型,以模型会友,展示模型作品、分享模型制作心得、交流模型制作技术。该活动为交大模型爱好者搭建了交流平台,宣传模型文化,推动模型爱好者相互促进、相互学习借鉴,提高制作水平,提高动手能力。

2. 模型展览活动

协会开展面向全校师生皆可参与的模型展览,收集航空模型、建筑模型、军事模型和动物模型等作品,其中包含各个学科领域,如建筑、景观、规划、设计、土木等,展示各个学院的教学成果,不同学院间的同学可以互相了解学习内容和成果,促进跨学科交流和合作。

四、学生感悟

刘同学:在协会中,我们能够分享他们的经验和技巧,相互学习和借鉴。协会举办工作坊、研讨会和展览,为模型制作爱好者提供学习和展示的平台。活动不仅提高了每个成员的技术水平,也为协会带来了活力。同学们非常热爱这门艺术,将模型制作看作传递情感、表达思想的重要方式。从协会活动中可以深切地感受到,模型不仅是具体事物的缩影,而且是艺术创作的一种表达方式。

第五章

体育健康类

学校目前共有体育健康类社团 26 个，以"磨炼意志，健康体魄，完善人格，促进发展"为主要目标，涵盖球类、游泳、健美操、跑步等多项运动，同时以武术、太极拳等传统体育项目为重要补充，延伸发展滑板、骑行等年轻人的运动方式，做到传统与现代结合，不断提升青年学子的体育技能，增强身体素质，培养团队合作精神，促进体育文化传播。社团以体育类比赛、活动为主要载体，开展全民便于参与、乐于参与的健身运动，营造健康生活学习的校园氛围，传播积极向上的精神风貌。

【篮球协会】

一、基本信息

社团名称	篮球协会	社团类别	体育健康类
社团星级	5 星级	指导单位	体育学院
思政指导教师 1 名		专业指导教师 1 名	
组织架构	团支书、会长团、裁判部、竞赛部、文宣部、活动部、九里分会		

二、社团风貌

西南交通大学篮球协会成立于 1983 年。协会以"为更多篮球爱好者提供竞技平台"为宗旨，承办校内各类体育赛事，包括各个学院内部的比赛、教职工联赛、新生联赛、院系赛、中国大学生 3×3 篮球赛、俱乐部赛、AUBA（安踏大学生篮球联赛）等赛事。此外，在 CUBA（中国大学生篮球联赛）四川赛区基层赛的赛场上也能看到协会会员的身影。

协会持续为学校各类比赛提供裁判和记录台人员，维护赛场的公平与公正。值得一提的是，交大高水品男篮历年来在 CUBA 四川赛区成绩优异。2019 年，在第二十二届 CUBA 四川赛区基层赛决赛中，交大男篮主场对阵成都体育学院，飞碟体育馆的上座率达到了 7 193 人，创造了 CUBA 基层赛的上座新纪录。协会积极引导广大青年学生积极参与体育健身，强健体魄、砥砺意志，凝聚和焕发青春力量。

三、特色活动

1. 教职工篮球联赛

阳光体育活动是交大教职工的特色活动，而篮球是其中不可缺少的部分。教职工篮球联赛通常在每学年第一学期的 9 月份举行。全校的教职工以学院为单位组队报名，比赛采用半场 4v4 的形式进行，男老师在常规时间内比赛，中场休息时会有女老师参与投篮，得分计入总分。该活动旨在引导师生"走下网络、走出宿舍、走向操场"，在全校形成良好的体育锻炼氛围，增强大家的身体素质，磨炼坚强意志，培养拼搏精神。

2. 新生篮球联赛

新生联赛每四年举办一次,参与对象为每一学年的大一新生;比赛采用全场五人制的形式,规则采用当年最新的国际篮联规则,吸引了各个学院的新生参与。新生联赛旨在吸引全校的新生参与体育运动,爱上篮球这项运动,帮助新生融入大学生活,体验篮球运动带来的快乐。同时,培养新生的合作意识,营造和谐的校园环境。

四、学生感悟

龙同学:篮球协会组织的各类比赛让我们可以近距离欣赏队员们积极进攻、严密防守、精彩配合以及巧妙抢断的精彩过程。在活动中,工作人员与裁判员之间也密切配合,我们可以学到更加专业的篮球知识,增强团队意识。

【Just Dance 街舞协会】

一、基本信息

社团名称	Just Dance 街舞协会	社团类别	体育健康类
社团星级	5星级	指导单位	体育学院
思政指导教师 1 名		专业指导教师 1 名	
组织架构	团支书、会长团、JAZZ、HIOPHOP、POPPING、LOCKING、BREAKING、SHUFFLE、九里分会		

二、社团风貌

西南交通大学 Just Dance 街舞协会成立于 2006 年,以"发展自由,团结共进"为宗旨,举办特色街舞活动,致力于为热爱街舞的大学生提供展示自我的机会与平台,融合基础教学、文化普及、进阶公开课等实用性内容,帮助大学生了解街舞文化,提高舞蹈水平。协会致力于丰富在校大学生的校园生活,广泛开展舞蹈活动,提高大学生的综合能力。

Just Dance 街舞协会为所有热爱街舞的大学生创建了一个良好的平台,积极宣传街舞文化,推出多种社团活动,以丰富同学们的校园生活。社团每学期都会进行分舞种例训、热情的快闪宣传活动、"百团大战"、全员大会、各种晚会文艺表演,还有一年一度的街协主题专场表演晚会以及编舞 Battle 比赛。从最开始的基本功训练到成品舞的教学,社团一步一步带领同学们深入了解街舞,使大家对街舞产生兴趣,让喜爱街舞的人齐聚在一起,展现自己美好的一面。

三、特色活动

1. 年度 Battle 比赛

为了进一步提高会员的舞蹈能力,增强社团的凝聚力,协会每年举行 Battle 比赛,参赛

人员包含大一至大四甚至研一研二的学生。该活动鼓励参与者根据随机挑选的音乐,以舞蹈的形式展现自己对音乐的理解。比赛项目既有各舞种的单人赛,还有多人组合舞种的团队赛。比赛现场欢声雷动,体现了参赛者们对街舞的热爱。

2. 街舞快闪活动

为了提高街舞文化的认可度,帮助同学准确认识不同的街舞类型,街舞协会在校园不同地点开展了多次街舞快闪活动。在快闪活动中,除了齐舞之外,还有各不同舞种的展示。活动在帮助同学们了解基本的街舞文化的同时,还丰富了同学们的课余生活。

四、学生感悟

林同学:Just Dance 街舞协会通过举办周年专场晚会、Battle 比赛、舞种体验课程等活动,为同学们提供了一个接触街舞、学习街舞并从中获得乐趣的机会,让同学们在接触街舞文化的过程中锻炼身体,培养乐观、积极、自信的优秀品质,学会悦纳自我、张扬个性,在运动中释放学习生活中的压力,传递出积极向上的价值观。

【游泳协会】

一、基本信息

社团名称	游泳协会	社团类别	体育健康类
社团星级	4 星级	指导单位	体育学院
思政指导教师 1 名		专业指导教师 1 名	
组织架构	团支书、会长团、竞赛部、宣传部、活动部、公关部		

二、社团风貌

西南交通大学游泳协会以"挑战自我、突破极限"为宗旨,以竞赛形式开展活动,以关爱大学生身心健康为己任,帮助大学生学习游泳技能,增加游泳知识,提高游泳水平,提高身体素质。

游泳协会以游泳这一协调全身、强身健体的运动作为纽带,将对游泳有兴趣、对锻炼有热情的大学生组织起来,践行"强健体魄、团结合作"的核心理念,强调游泳健身的安全性与科学性,通过线上线下相结合的方式开展"游泳知识安全讲座""游泳知识竞赛""强身健体打卡活动""游泳挑战赛"等一系列活动,展现新时代大学生积极奋进、团结上进的精神风貌。

三、特色活动

西南交通大学游泳协会每学年都会为广大游泳爱好者提供竞技比赛平台,上半学期为个人挑战赛,下半学期为院系赛。比赛设立多种赛道,包括泳姿限制赛道(蝶泳、蛙泳、自由泳等）和接力赛道（25 m 接力、50 m 接力），最终取前六名并颁发获奖证书。活动旨在培养大学生的拼搏竞技精神和自我挑战精神，鼓励更多的大学生加强体育锻炼，将运动融入生活。

四、学生感悟

朱同学：游泳协会是一个互帮互助的社团。协会围绕游泳开展的一系列锻炼身体的实践活动与讲座系列活动让大家充分了解了与游泳锻炼相关的科学知识。协会强调安全运动，提出运动也是锤炼意志、释放压力的方式。在游泳协会各成员的积极鼓励与全面指导下，我克服了对水的恐惧。协会积极宣传坚持的可贵性，强调要科学锻炼。通过参加游泳协会的活动，我不仅对游泳有了正确的理解，强健了身体，还增强了沟通交流的能力，更加适应大学的学习、生活。

【体育舞蹈协会】

一、基本信息

社团名称	体育舞蹈协会	社团类别	体育健康类
社团星级	4星级	指导单位	体育学院
思政指导教师1名		专业指导教师1名	
组织架构	团支书、会长团、九里部、技术部、外联部、网宣部、文策部		

二、社团风貌

西南交通大学体育舞蹈协会成立于1999年，以"陶冶当代大学生情操，弘扬交大体育舞蹈精神"为宗旨，进一步加强和改进大学生体育舞蹈的宣传工作，将体育舞蹈与大学生的生活融合在一起，展现交大舞蹈风采，鼓励体育舞蹈爱好者突破自己、超越自己。协会致力于为大学生搭建一个展示舞蹈能力与风采的平台，着眼于伦巴、恰恰、桑巴等国标舞在大学生群体中的传播，展现体育舞蹈的风采，吸引更多的同学用舞蹈传播体育文化，扩大社团的影响力，弘扬交大的体育舞蹈精神。

三、特色活动

1. 迎新舞蹈晚会

迎新晚会是协会送给新生们的一份特殊礼物。协会新成员在部长的带领下共同完成节目，沉浸于舞蹈的快乐与美好中，以晚会的形式展现体育舞蹈的魅力。迎新晚会自举办以来，受到了所有参与者的一致好评。

2. 校园国标舞大赛

一年一度的国标舞大赛由体育学院主办、体育舞蹈协会承办，是在全校范围内举行的国标舞竞技比赛。大赛包括团体舞比赛与单双人单项比赛。其中，团体舞比赛分为拉丁和摩登两组，各学院组成代表队后由体育舞蹈协会成员带队参赛。各个代表队从陌生到熟悉，从零基础到成熟领军，以舞交友，营造融洽、积极的校园文化氛围。国标舞大赛举办的初衷是让更多的同学了解、接触国标舞，感受国标舞的魅力。国标舞大赛并不拘泥，允许出现不一样的风格。

四、学生感悟

颜同学：体育舞蹈协会是我在大学里最温暖的港湾，每周练舞是我们的"快乐源泉"。在社团的一年里，我们编排节目准备迎新晚会，参加国标舞大赛。我在会长、部长的指导下编排了《国风伦巴》，学习排练了《敦煌》《校园拉丁》。协会带领学院同学们一起参加学校"第23届国标舞大赛"，构思舞蹈主题，编排动作。在这个过程中，我认识了志同道合的朋友，更加懂得如何与人相处、沟通，从而自信地融入集体生活，我的大学生活也更加丰富。

【武术协会】

一、基本信息

社团名称	武术协会	社团类别	体育健康类
社团星级	4星级	指导单位	体育学院
思政指导教师1名		思政指导教师1名	
组织架构	团支书、会长团、竞训部、宣传部、外联部、组织部		

二、社团风貌

西南交通大学武术协会自成立之初便以"习武养德"为宗旨。经多年发展、变更，武术协会从一开始只主修"梅花拳"，到如今竞技套路、散打对抗、兵击演练多方面齐头并进，从多视角、多维度更加全面、立体地向社团内外成员展现中华武术的魅力。社团内部活动以每周三次的训练为主，以身体素质加练与表演、比赛等为辅，一方面帮助社团成员强健体魄，培养精气神；另一方面通过传承武术的内在精神，使武术所蕴含的仁义、爱国等品质在广大学生心中生根发芽，在潜移默化中助力大学生心理健康与品德教育。

三、特色活动

1. 四川省武术比赛

"台上一分钟，台下十年功"，平时的努力训练成果用大型的比赛来检验无疑是最有效的。

武术协会竞训部每年会重点关注省公开赛、锦标赛，并提前筛选参赛人员，确定参赛项目。武术协会成员在此类大赛中屡获佳绩，数次斩获大赛金奖、银奖，展现了交大学子积极进取、拼搏向上的精神风貌。

2．武术体验日

为了满足更多对武术感兴趣却没有时间长期训练或不太敢于尝试的同学的需求，武术协会举办了武术体验日活动，体验内容分为套路、散打、梅花拳、兵击四部分，配有专人教学。活动尽可能地让更多的人切实感受武术的魅力，体验一次想象中的"武侠"生活。

四、学生感悟

闻同学：武术协会通过开展各类武术训练，如太极、长拳、散打、兵击、柔术等，为全校武术爱好者提供了学习武术的平台，唤起同学们对武术的兴趣，为以前学习过武术的同学和对武术感兴趣的同学们提供了在大学中切磋的机会。同时，社团也积极开展对外活动，如武术体验日和武术表演，带动同学们积极锻炼，强身健体。通过参加武术表演活动，同学们深刻了解了武术。通过练习中华武术，大家能更好地认识自我、发展自我。

【磐石社】

一、基本信息

社团名称	磐石社	社团类别	体育健康类
社团星级	4星级	指导单位	体育学院
思政指导教师1名		思政指导教师1名	
组织架构	团支书、会长团、办公室、训练部、攀岩队、宣传部、资源部		

二、社团风貌

西南交通大学磐石社成立于2012年10月，秉承"自然自由自在，如云如山如海"的精神，将热情融入自然，用笑语创造精彩。我们攀登，因为我们不愿停止脚步；我们徒步，只为寻找夜空中最亮的星。西岭峨眉坐看云海翻腾，牛背半脊遥望群山妖娆。日照金山，为你一诺磐石；黄河九曲，演绎别样青春。

三、特色活动

越来越多的人喜欢户外运动，掌握户外知识、学习户外安全知识愈发重要。社团开展集学习、比赛于一体的户外知识学习活动，分为搭帐篷、绳结、户外骨折急救、上升下降四大板块。在集中学习后，进行分组比赛。在比赛现场，大家相互学习分享，团队合作争分夺秒，学习并运用相关知识。

四、学生感悟

周同学：磐石社是一个有爱的大家庭，通过举办户外技能大赛，普及户外活动常识和必要的急救知识，让大家学会与自然和谐相处。通过日常的体能训练，引导会员在与自然交流的过程中，完善自我人格，培养正直的品德、坚韧的意志，强健体魄。在参加活动的过程中，同学们还能够锻炼思维，学会处理人与自然的关系。

【健美操协会】

一、基本信息

社团名称	健美操协会	社团类别	体育健康类
社团星级	4星级	指导单位	体育学院
	思政指导教师1名	专业指导教师1名	
组织架构	团支书、会长团、事务部、例训部、活动部、宣传部		

二、社团风貌

西南交通大学健美操协会成立于2000年10月，是一个以啦啦操运动为主要活动内容的体育健康类社团，活动涉及花球啦啦操、爵士啦啦操、街舞啦啦操、韩舞、素质健身、大众健美操、有氧运动。协会以"健康生活，积极运动"为宗旨，组织具有学校特色的体育项目，以与体育教学班相结合的方式，开展运动舞蹈作品展演暨运动舞蹈大赛、"爱舞集屋"健美操体验活动、参与"篮球宝贝"比赛和每周两次集体例训等活动，以增强身体灵活性，提高团队协作能力、肢体协调能力等。同时，协会组建校健美操队，代表学校参加各级赛事，为学校的体育工作贡献青春力量。

三、特色活动

1．运动舞蹈大赛

健美操协会给众多对健美操、啦啦操有兴趣的学生搭建了一个体现自我价值、挖掘自我潜力、提升自我综合素质和增长社会经验的平台。长期协助学校体育部开展每年的运动舞蹈大赛，通过"教、学、练、演、赛"的教学体系，进一步丰富校园文化生活和素质教育内容，提高学生的艺术欣赏水平与鉴赏能力，让学生"爱上运动，爱上舞蹈"。在以往的运动舞蹈大赛中，每支参赛队伍都以饱满的热情参与，大家团结拼搏，舞出了精彩的篇章，留下了宝贵的回忆。

2．健美操体验课程

为了让更多的同学增强锻炼身体的意识，营造运动舞蹈氛围，提供更多运动的机会，协会举办了"爱舞集屋"健美操体验活动。活动包含知识讲座和舞蹈体验两部分，通过视频与竞猜活动，让更多的学生对健美操这个项目有一定的了解，并向同学们教授一些健美操的基本动作，让大家更加直观地了解健美操这项运动。

四、学生感悟

赵同学：健美操协会举办的活动充分关注当代大学生在高校生活中的体育健康问题，增强了当代大学生的体育运动能力等，让我们更好地适应社会。在运动舞蹈大赛、"爱舞集屋"健美操体验课、"篮球宝贝"等特色活动中，我既享受了体育运动的快乐，也学习到了体育知识，提高了技能。

【排球协会】

一、基本信息

社团名称	排球协会	社团类别	体育健康类
社团星级	3星级	指导单位	体育学院
思政指导教师1名		专业指导教师1名	
组织架构	团支书、会长团、办公室、外联部、竞赛部、宣传部、活动部、九里分部		

二、社团风貌

西南交通大学排球协会创始于1999年，成立至今不断发展壮大，协会成员已达100余人。协会致力于推广排球运动以及传承中国女排精神，以"推广排球运动，提高身体素质，活跃校园气氛，弘扬中国女排精神"为宗旨，始终坚持学习"扎扎实实、勤学苦练、无所畏惧、顽强拼搏、同甘共苦、团结战斗、刻苦钻研、勇攀高峰"的中国女排精神秉承"竢实扬华，自强不息"的交大精神，在注重专业知识学习的同时，通过排球运动强健体魄，提高身体素质，保持积极健康的心理状态，形成终身体育观。

三、特色活动

1. 新生气排球院系联赛

为了激发学校新生对排球运动的兴趣，排球协会组织并开展"新生气排球院系联赛"，推广排球运动，弘扬女排精神。该活动旨在促进新生融入学校体育健康大环境，积极参与体育锻炼，提高身体素质。联赛以学院为单位分组，通过老生带新生的方式进行比赛角逐，排球协会负责联赛的秩序维持与裁判轮班。协会以该活动为契机，提高团队凝聚力，促进学校各年级学生的友好交流，在校园推广排球运动。

2. 运达杯师生赛

随着全校师生对排球运动热情的高涨，以及"西南交通大学'运达杯'体育节"活动的持续开展，排球协会组织举办了"运达杯"师生排球赛，通过校企合作的形式号召老师与同学共同参与，进行小组赛与排位赛的选拔角逐。该比赛成功拉近了师生间的关系，促进排球运动在学校内的推广与传播，得到了全校师生的充分肯定。

四、学生感悟

郭同学：西南交通大学排球协会是一个很有活力的社团，所有的活动都充分考虑了当代大学生的实际需求，丰富了大学生的业余生活，增强了大学生体质，提高了大学生的运动能力，激发了大学生的运动兴趣。

【自行车协会】

一、基本信息

社团名称	自行车协会	社团类别	体育健康类
社团星级	3星级	指导单位	体育学院
思政指导教师1名		专业指导教师1名	
组织架构	团支书、会长团、理事部、外联部、宣传部、技术部		

二、社团风貌

西南交通大学自行车协会成立于2012年9月16日，以"绿色、健康、探索、自然、畅游"为宗旨，以各类自行车运动和社会实践为载体，为广大自行车运动爱好者提供交流的平台，着力于增强交大青年学生的意志、体质，丰富课余生活，倡导广大学生坚持锻炼、绿色出行，助力自行车运动的发展。活动融入骑行运动基础知识教学、骑行路线规划、意外情况应对办法等实用性内容，旨在促进更多交大学生接触了解自行车运动，帮助自行车爱好者更安全、更科学、更高效地进行自行车运动。协会以独具特色的自行车活动，通过线上线下相结合的活动方式，帮助同学们更好地培养身体素质、意志品质，强化互助意识，提高朋辈交流协调互助能力，营造团结友爱、互帮互助的良好氛围。

三、特色活动

骑行小课堂

西南交通大学自行车协会通过"第二课堂教学"的方式帮助同学们掌握骑行的相关知识，掌握基本的自行车安全检查、简单的零件调整等相关技能；让同学们在生活中感受自行车带来的便利；推广自行车文化，推广绿色出行的生活方式。小课堂从同学们常见的日常骑行问题出发，介绍专业骑行知识，课堂内容涵盖骑行紧急情况（如爆胎等）处置方法展示等。

四、学生感悟

沈同学：在活动中，我们积累了宝贵的专业骑行经验，体验了绿色出行方式，也锻炼了身体，丰富了自己的课余生活。除此之外，协会组织的活动让我们走出自己的宿舍，走出交际圈，结识了许多优秀有趣的新朋友，希望协会越办越好！

【棋牌协会】

一、基本信息

社团名称	棋牌协会	社团类别	体育健康类
社团星级	4星级	指导单位	体育学院
思政指导教师1名		专业指导教师1名	
组织架构	团支书、会长团、宣传部、博弈部、论牌部、常务部		

二、社团风貌

西南交通大学棋牌协会成立于2005年，以"以棋会友"为宗旨，最先仅有传统棋艺如围棋、象棋等。在十余年的发展过程中，协会坚持传统的棋类，并逐渐发展扩大领域，陆续覆盖新出现的各类桌游等棋牌游艺，形成包括棋牌与桌游在内的活动种类。棋牌协会旨在提供一个以棋牌为核心的交流平台，吸引更多的同学在繁忙的学习生活之余参与棋牌活动，交到志同道合的朋友，帮助同学放松心情，增强逻辑思维能力。

在棋盘上进行对弈，可以帮助青年学生培养专注力、思辨力与镇静力。协会的初衷之一便是进一步发展与宣扬棋牌艺术，让更多的青年同学领悟传统文化的智慧。

三、特色活动

西南交通大学棋牌协会多次举办围棋、象棋大师赛，以积分赛制，通过竞技的方式提高学生的积极性与竞争心理，激发学生的心智潜能，在团结友好的氛围中切磋与锻炼棋艺。协会举办比赛的频率为每学期一次，每学年第一学期为一年级新生赛，并以学院为单位颁奖，第二学期举办面向全校的大师赛。

四、学生感悟

邓同学：棋牌协会定期会举办棋类竞赛活动，以及棋类培训活动。大家在同一间活动室

里切磋棋技,增进友谊,在欢声笑语中提升自己的思维能力。棋牌协会的社团生活百花齐放,参加活动如同读一本好书,清新淡雅,沁人心脾。

【DreamHigh 轮滑协会】

一、基本信息

社团名称	Dream High 轮滑协会	社团类别	体育健康类
社团星级	3星级	指导单位	体育学院
思政指导教师1名		专业指导教师1名	
组织架构	团支书、会长团、培训部、活动部、宣传部、外联部、九里分部		

二、社团风貌

西南交通大学 Dream High 轮滑协会成立于2008年。交大轮滑爱好者们一代又一代不懈努力和传承,将一个自发组织的、只有兴趣和热爱的小队,变成了一个拥有会旗、会徽和会服的正式协会。

Dream High 轮滑协会以独具轮滑特色的活动为载体,将锻炼成员体魄、增强身体平衡、帮助开发运动潜能为己任,以更浓厚的兴趣、更顽强的意志、更振奋的精神,不断强化自身体魄、身体协调性,并在多样活动中,增强参与者之间的友谊,发扬良好的体育竞技精神,促进同学们更好地实现身心和谐发展,展现新时代大学生积极向上的精神风貌。

三、特色活动

Dream High 轮滑协会定期开展"冬季轮滑嘉年华"活动。该活动在冬季举行,使参与者在技术比拼过程中提高自身的轮滑技术和水平,增进社团内部成员之间的友谊,增强交大轮滑文化的影响力。

四、学生感悟

蒋同学:Dream High 轮滑协会是一个非常有活力的协会,积极开展轮滑嘉年华、日常性训练,以及刷街、集训等丰富多彩的社团活动,帮助轮滑爱好者在活动中提高自身的轮滑技术,进一步提高参与者的身体协调能力。同学们通过参与轮滑运动强健体魄,释放压力,使身心共同发展。同时,同学们通过训练后可以掌握轮滑新动作,获得满满的成就感,从而提高自信心,更好地认识自我、发展自我。

【羽毛球协会】

一、基本信息

社团名称	羽毛球协会	社团类别	体育健康类
社团星级	3星级	指导单位	体育学院
思政指导教师1名		专业指导教师1名	
组织架构	团支书、会长团、竞赛部、办公室、宣传部、活动部、外联部		

二、社团风貌

西南交通大学羽毛球协会成立于1992年。协会致力于为广大羽毛球爱好者提供一个交流、竞技的平台，开展羽毛球基本技术、基本技能训练，培养大学生对羽毛球运动的兴趣和爱好，进一步增强学生体质。协会活动以羽毛球的基本技术、基本技能为主，融技术、技能与趣味性、竞技性于一体，多次举办各种形式的羽毛球赛事，既包括"新生赛""院系赛""俱乐部赛"三大传统精品赛事，也包括和其他高校的联赛等。活动有助于培养学生的团队意识，提高大学生对羽毛球运动的兴趣，丰富大学生的体育文化生活。

三、特色活动

1. 羽毛球新生赛

为了促使新生进一步熟悉学校环境，广泛结交一些志同道合的球友，在自己擅长的领域发光发亮，羽毛球协会特组织举办新生赛，推广羽毛球这项球类运动，让没接触过羽毛球的同学对羽毛球产生兴趣，让正在学习羽毛球的同学丰富经验、提高能力。体育竞争秉持"友谊第一，比赛第二"的精神，培养团队合作能力，让同学们在运动中找到前行的信心。

2. 俱乐部赛

为了提高同学们的身体素质、健康水平，俱乐部赛面向全校同学。大家可以以团队形式参赛，也可以自行组队，通过小组赛与淘汰赛的赛制"以球会友"。除了比赛，大家私下里也可以约球切磋。一些羽毛球选手在比赛后还会给同学们献上几场精彩的表演赛。

四、学生感悟

杨同学：西南交通大学羽毛球协会是一个充满青春朝气的社团。它广泛接纳交大羽毛球爱好者，致力于为他们提供一个交流、竞技的平台，让更多的人了解并喜欢上羽毛球这项运动。协会通过开展各类羽毛球竞技活动和相关的羽毛球技术培训，让同学们能够在紧张的学习生活之余积极锻炼身体，并减轻他们来自学习和生活上的压力，丰富他们的校园生活。

【台球协会】

一、基本信息

社团名称	台球协会	社团类别	体育健康类
社团星级	3星级	指导单位	体育学院
思政指导教师 1 名		专业指导教师 1 名	
组织架构	团支书、会长团、办公室、宣传部、竞技部、裁判部、策划部		

二、社团风貌

西南交通大学台球协会成立于 2009 年，旨在丰富台球爱好者的课余生活，给台球爱好者提供一个提高球技、结识志同道合的朋友的平台。协会开展"体育强则中国强"线上讲座、"以球会友"校级院系赛、"突破自我"大师挑战赛和趣味大赛等一系列校园活动，并承办中式八球院系赛和中式八球大师赛两大竞赛活动，鼓励同学们在运动中学习体育知识，提高台球技能、增强体质、宣传体育运动知识，让更多的人认识台球、参与台球活动。

三、特色活动

为了普及和发展台球运动，为全校台球爱好者提供交流切磋的机会，台球协会特举办新生体验赛与个人挑战赛，促进同学间的交流。新生可通过新生赛破冰，更快地了解、熟悉台球运动，然后通过个人挑战赛与全校的台球爱好者们竞技交流，提高台球技能。

四、学生感悟

徐同学：台球协会通过举办"新生杯""院系杯"等比赛，指导台球新手练球，组织台球裁判培训，以教育人、锻炼人、鼓舞人为宗旨，团结全校台球爱好者，努力在全校开展台球运动，丰富大学生的课外生活，推进了校园台球运动的发展。台球带给人最大的享受，是人能运用技术对球进行完美控制，无限接近物理极限，让预判无限逼近事实。一步步完成整个过程后，我们会得到很大的享受。

【乒乓球协会】

一、基本信息

社团名称	乒乓球协会	社团类别	体育健康类
社团星级	5星级	指导单位	体育学院
思政指导教师 1 名		专业指导教师 1 名	
组织架构	团支书、会长团、竞技部、裁判部、办公室、宣传部、外联部		

二、社团风貌

西南交通大学乒乓球协会成立于1992年10月，是以"发展国球运动，提高竞技技能"为宗旨、以竞技运动特色活动为载体的体育健康类协会。为了大力推进竞技体育和全民健身运动，提高我国竞技体育的实力，全民增强健身意识，协会每年坚持举办四大校级赛事、新生赛、院系赛、俱乐部赛、单打挑战赛等。通过夯实基础，搭建平台，强化保障，科学训练，不断提高竞技体育的综合水平，促进大学生德智体美劳全面发展。同时，协会也多次组织参与成都其他学校乒乓球协会的友谊赛、高校联赛以及各类省级比赛，交流技术，收获友谊，探讨国球发展，弘扬体育竞技精神，不断开创体育事业发展的新局面。

三、特色活动

1. 新生乒乓球比赛

在秋季第一学期，协会联合体育学院共同举办的新生校级比赛活动，已经成为协会的一大特色。活动以锻炼大学生身体心理素质、通过运动与竞技结合的方式帮助新生更好地适应校园生活为目的，分为个人与院系两种类别，以小组赛、淘汰赛、八强决赛等比赛形式进行对决。此类活动已经开展了数年，比赛精彩，裁决公正，更有相关指导老师莅临现场予以指导，是西南交通大学各类协会活动中高质量的比赛活动。

2. 校级俱乐部赛

在协会举办的比赛中，俱乐部赛是其中技术含量最高、比赛内容最精彩的。参赛人员自行组队，按照要求进行报名、分组，以团体的形式进行角逐。该活动不仅考验乒乓球技术，还锻炼团队协作能力，是用竞赛丰富大学生活、用运动完善身心的一项优质活动。

四、学生感悟

王同学：乒乓球协会所举办的活动不仅有助于同学获得强健的体魄，而且有助于增强当代大学生的身体素质、团队合作能力等，让同学们更好地适应社会。在活动过程中，同学们通过乒乓球运动也缓解了自身压力，从而愉悦身心，拥有一颗积极向上、热爱生活的心。

【瑜伽协会】

一、基本信息

社团名称	瑜伽协会	社团类别	体育健康类
社团星级	2星级	指导单位	体育学院
思政指导教师1名		专业指导教师1名	
组织架构	团支书、会长团、文宣部、活动部、实践部		

二、社团风貌

西南交通大学瑜伽协会成立于 2014 年，由犀浦校区总部和九里校区分部共同组成，是体育健康类社团。自成立至今，协会已举办六届"伽人有约"瑜伽比赛，旨在传播和发展瑜伽，使全体师生更深入地了解并感受瑜伽带来的益处。同时，协会提供校内的瑜伽练习活动和专业瑜伽馆的练习活动。犀浦九里两地联合，独立场馆，由专业瑜伽师带领大家练习。

瑜伽协会九里分会成立于 2021 年 9 月，虽然成立时间不久，但是也吸引了许多热爱瑜伽的大学生。将九里瑜伽协会从犀浦的总会中分离出来，也是为了方便服务九里校区的各位同学。两个校区都有训练场地，而且方便组织相关活动。

三、特色活动

"伽人有约"瑜伽比赛

瑜伽不仅是一项健身运动，还可以帮助我们更好地调养心境。为了帮助同学们释放压力，体验瑜伽的魅力，协会面向全校师生开展"伽人有约"瑜伽体式大赛，每年都吸引了校内瑜伽爱好者的参与，观众更是座无虚席。同时，协会也通过日常瑜伽活动与训练，丰富大学生的校园生活，丰富校园文化。

四、学生感悟

徐同学：练瑜伽是内外兼修的，练人的形体，练人的内涵、气质，通过各种体式练习，可以锻炼身体的柔韧性和力量，塑造良好的体型。同时，瑜伽的呼吸法等也可以帮助我们调整心态，提高注意力，保持身心的平静与和谐。瑜伽活动可以使会员之间充分交流、互相探讨，使会员的气质得到真正提高。

【空手道协会】

一、基本信息

社团名称	空手道协会	社团类别	体育健康类
社团星级	3 星级	指导单位	体育学院
思政指导教师 1 名		专业指导教师 1 名	
组织架构	团支书、会长团、文宣部、活动部、实践部		

二、社团风貌

西南交通大学空手道协会成立于 2013 年 11 月 6 日，是一个年轻而富有活力的体育类社团。空手道协会自成立起，就一直热情接纳每一位喜欢运动、热爱锻炼的同学，旨在带领大家一起提高身体素质，让会员们在轻松的氛围下，和志同道合的伙伴们互相交流学习，共同努力和进步。协会的日常活动不仅注重技术的传授和身体素质的培养，还安排很多相关的趣味性运动，让更多的同学了解并热爱这项运动。空手道技术的修炼是教学的核心，为了保证培训的学术性和严谨性，协会与成都市国际空手道联盟极真会馆的教练们有密切的联系，常常向教练们请教技术和教学上的问题。协会也希望同学们不仅能在训练中学到技巧，还能够磨炼坚忍的意志，并体现在学习、生活中。

三、特色活动

1．每周空手道训练

空手道协会定期于每周末开展两次日常训练，训练内容具有连贯性，以极真空手道相关内容为主，并不断加强基本功锻炼，每次训练时间为两个小时左右。活动积极号召同学们走出宿舍，获得全校师生的大力支持。

2．实战对抗

空手道协会有完整的护具装备，并固定于每学期末开展实战活动。极真空手道的魅力在于它的对抗性，当代大学生面对挫折困难时也需要有积极对抗的勇气。因此，协会在保证参与者安全的情况下，鼓励大家参与实战，同时要做好个人防护。

四、学生感悟

于同学：空手道协会举办的活动内容充实，富有挑战性。训练让我掌握了很多空手道技术，也让我明白必须具有严格的自律、坚强的意志和不屈的品性，这些精神财富将伴随我终生，在我最艰难的时候会给我带来力量，给我奋斗的人生提供了扎实的身体保障。

【花式跳绳协会】

一、基本信息

社团名称	花式跳绳协会	社团类别	体育健康类
社团星级	3星级	指导单位	体育学院
思政指导教师1名		专业指导教师1名	
组织架构	团支书、会长团、办公室、训练部、宣传部、活动部、外联部		

二、社团风貌

西南交通大学花样跳绳协会成立于2014年4月，是由学校花式跳绳爱好者组成的学生社团。协会引导学生树立"健康第一"的理念，以新颖活泼的体育活动为载体，培养学生合作、诚信、果敢等优良品质，发展学生个性特长，促进学生身体、心理和社会适应能力等和谐发

展。协会通过举办全校跳绳新生赛等校园活动，吸引热爱跳绳的同学加入跳绳大家庭，宣传跳绳文化，提高花式跳绳技术。通过举办校内三级跳绳运动员达标赛等活动，帮助同学们更好地进行跳绳活动，增强运动意识，提高大学生身体素质，推动阳光体育运动开展，展现当代大学生积极向上的精神风貌。

三、特色活动

1．新生跳绳运动会

为了给新同学提供展示自我、公平竞技的平台，每年开学之初，协会要举办新生跳绳运动会。运动会的比赛项目种类多，参赛同学可以选择自己喜欢的项目，尽情展示自我。运动会展示了新生们青春洋溢的精神面貌。在比赛的过程中，大家都尽全力去拼搏，坚持"友谊第一，比赛第二"。跳绳比赛不但让同学们体验了竞技体育，也提高了大家锻炼的热情。

2．线上全国跳绳联赛

在学校体育学院的大力支持和鼓励下，在花式跳绳协会的组织和引导下，同学们每天都坚持参加训练，并且在空闲时间不断练习自己报名的比赛项目。线上跳绳比赛的意义在于，同学们能够体验这种创新型的体育运动，以优异的成绩吸引更多的人参与跳绳运动。

四、学生感悟

罗同学：花式跳绳协会是一个团结友爱、充满活力的社团。协会每天都会有例行训练。跳绳技巧丰富的学长会为协会成员提供细心的教学。在例行训练中，协会的成员也会相互交流各种技巧，相互成长，相互进步。在朝夕相处中，同学们建立了深厚的感情。在举办各种活动时，大家各司其职、互帮互助，保证每一次活动都有条不紊地进行。不仅如此，协会成员也都积极参加各种跳绳赛事，赛前会积极地去准备，也取得了很不错的成绩。

【射声弓箭协会】

一、基本信息

社团名称	射声弓箭协会	社团类别	体育健康类
社团星级	2星级	指导单位	体育学院
思政指导教师1名		专业指导教师1名	
组织架构	团支书、会长团、宣传部、射艺部、活动部、组织部		

二、社团风貌

射声弓箭协会成立于2015年4月20日。协会名称来源于诗句"等闲飞鞚秋原上，独向寒云试射声"。协会的宗旨为：以射箭运动为核心，通过组织射礼、射箭比赛、花式射箭等各种层次的射箭活动，在学生中普及射箭运动常识，增强体育观念，传播传统文化，丰富交大学子的业余文化生活，提高广大同学的综合能力，为西南交通大学的射箭运动爱好者和传统文化爱好者提供一个相互交流的平台和发挥所长的空间。协会致力于把射箭这一体育运动和传统文化结合起来，激发广大青年的爱国之心和强身健体之心，引导会员在射箭运动的过程中，完善自我人格，培养正直的品德、坚忍的意志，强健体魄。

三、特色活动

1．传统文化周弓箭知识主题讲座

为了弘扬优秀传统文化，普及射箭知识，射声弓箭协会联合汉服社等社团共同举办传统文化周活动。在活动中，协会不仅设置了传统弓箭知识主题讲座，为同学们讲解、演示射箭动作规范，同时还鼓励同学们亲自尝试射箭。活动激发了同学们对相关传统文化知识的兴趣，拓宽了同学们的视野，为同学们带来新奇且有趣的运动体验。

2．射箭邀请赛

射箭邀请赛是由西南交通大学射声弓箭协会承办、面向全体交大师生的交流会。活动内容主要为传统弓射艺比赛，以及有关射箭方面的知识和经验分享。比赛形式主要分为新手组、业余组、传统竞技组和现代竞技组，同时设有观众组，根据不同竞技水平分别设置比赛难度。区分比赛组别，可以在公平竞技的前提下，促进同水平选手间的交流，也可以让其他组别的选手观摩学习和指导。后期，协会力争邀请成都市其他高校的弓箭社成员一同参与交流竞技，促进成都市高校弓箭运动的发展。

四、学生感悟

李同学：通过参加活动，学子们感受到了传统文化和弓箭运动中的爱、宽容、勇敢、合作等优秀品质，这是射声弓箭社举办活动的意义所在。弓箭交流赛以弓箭为载体，致力于培养学生们的综合素质、独立人格、创新思维模式等。

【健身协会】

一、基本信息

社团名称	健身协会	社团类别	体育健康类
社团星级	2星级	指导单位	体育学院
思政指导教师1名		专业指导教师1名	
组织架构	团支书、会长团、宣传部、事务部、活动部		

二、社团风貌

西南交通大学健身协会是推动大学生健身锻炼的重要社团，旨在为同学们提供良好的健身环境与专业健身知识，让同学们在学习之余，能强健体魄、塑造体型，进而提高自身素质，实现自身的全面发展。本协会会不定期开展交流活动，以激发同学们对健身的热情。

三、特色活动

健身协会负责的同舟共济项目，分为四组同时比赛，每组五个人，领取两个垫子。比赛开始前，参赛队员拿起两块垫子站在起跑线上，裁判发令后，计时开始。同学们站在垫子上依次交替向前进，垫子由后面的同学向前传。比赛不仅能培养大家的学习能力，还能让大家感受体育竞技精神。

四、学生感悟

王同学：通过协会举办的系列活动，我不仅学到了很多关于健身的知识，而且提高了运动能力。我有幸还当了一回裁判，深刻体会到裁判在体育运动中的重要性，而且必须要做到正直、公平、公正。

【跑步协会】

一、基本信息

社团名称	跑步协会	社团类别	体育健康类
社团星级	2星级	指导单位	体育学院
思政指导教师1名		专业指导教师1名	
组织架构	团支书、会长团、宣传部、策划部、活动部、阳光长跑队		

二、社团风貌

西南交通大学跑步协会成立于2005年，是我校学生加强体育锻炼、开展有益于身心健康以及德智体美劳全面发展活动的重要社团。协会以"跑在交大，跑出我们的风采"为口号，严格落实学生社团健康发展细则，致力于团结广大青年学生，积极开展健康向上、形式多样的社团活动，将"零敲碎打"式的分散活动转化成为"整齐划一"的系列活动，实现校园活动有组织、有计划地健康发展。协会丰富了青年学生的课余生活，有效地调动了学生参与体育锻炼的积极性与主动性，推动了校园体育文化建设，营造了健康活泼的校园文化环境。

三、特色活动

1. 日常夜跑活动

为了促进大学生坚持锻炼，打破同学们认为"跑步枯燥乏味"的传统观点，并形成一种良性循环，跑步协会协调时间安排，长期持续开展每周两次的集体环校夜跑活动，帮助同学们克服对长距离跑步的畏难心理，养成良好的运动习惯，营造相互鼓励支持的运动环境，增进同学友谊，凸显当代大学生积极向上的精神风貌。

2. 荧光夜跑活动

跑步协会积极创新校园跑步形式，将趣味打卡互动与校园夜跑相结合，定期开展"荧光夜跑，跑在交大"系列环校夜跑活动，至今共连续组织七次活动，每次持续一个月。荧光夜跑活动引导广大学生积极参与体育运动，帮助当代大学生走出宿舍，营造青春律动、健康向上的校园氛围。

3. "健身跑知多少"系列讲座

为了提高大学生的身体素质，跑步协会灵活采取线上线下相结合的形式，开设"健身跑知多少"讲座，帮助同学们适应学校健身跑新模式。讲座推介健身跑知识，设计互动环节并设置线上考核，为同学们带来科学的跑步知识并提供合理的锻炼建议，使大家加深对健康运动的理解。

四、学生感悟

唐同学：跑步协会是跑步爱好者的聚集地，为大家提供了一个促进情感交流、锻炼身体、有益于身心健康的平台。荧光夜跑、健身跑讲座、青年节跑步挑战以及日常夜跑等活动，有效地调动了同学们参与体育锻炼的积极性，提高了交大学生的身体素质，帮助相当一部分同学养成了跑步的习惯。

【P!NK 滑板协会】

一、基本信息

社团名称	P!NK 滑板协会	社团类别	体育健康类
社团星级	2星级	指导单位	体育学院
思政指导教师1名		专业指导教师1名	
组织架构	团支书、会长团、宣传部、外联部、活动部、九里部		

二、社团风貌

西南交通大学P!NK滑板协会成立于2015年5月7日，以"传播滑板文化，让更多人了

解、热爱滑板"为目的，以独具风格的活动形式为载体，鼓励同学们积极参与滑板活动，培养更加多元化的体育运动兴趣，丰富大学生课外生活，提高大学生朋辈社交能力。协会也通过校内组织、校外邀请的方式，聚集校内外优秀滑手开展活动，举办比赛，促进同学之间相互学习、相互激励，提高滑板技术，提高学生的综合素质。除此之外，协会也欢迎小轮车、极限滑板车等爱好者加入，共同促进高校体育文化建设。

三、特色活动

1．校园滑板大赛

为了发展滑板爱好者的个性与特长，丰富校园课余生活，推动校园滑板运动发展，P!NK滑板协会为滑板爱好者提供了一个切磋交流的平台，于每年六月份、十一月份面向滑板爱好者定期开展校园滑板大赛。该活动设置了多难度、多类型的赛道，欢迎各阶段的滑板爱好者们进行学习交流与挑战切磋。滑板爱好者们富有青春活力的表演，激发了同学们对滑板的兴趣，让大家感受到了滑板运动的魅力，加深了对滑板运动的认识。

2．滑板日团建活动

P!NK滑板协会积极组织校内滑板热爱者参与每年六月中旬的滑板日活动，与各年龄段的板友交流切磋，体验不同的滑板形式，精进滑板技巧，近距离感受滑板文化，享受这项极限运动独特的青春魅力。

四、学生感悟

蔡同学：P!NK滑板协会是一个非常有活力的社团，而滑板作为一项极限运动，可以锻炼身体素质，还能磨砺我们的坚忍品格，培养敢想敢拼的竞技精神。协会开展丰富多彩、积极向上的滑板活动，在鼓励广大师生参与运动的同时，也非常关注我们的运动安全问题。因此，协会也会开设安全培训课程，讲解滑板护具佩戴方法以及常规的应急处理措施。

【毽球协会】

一、基本信息

社团名称	毽球协会	社团类别	体育健康类
社团星级	2星级	指导单位	体育学院
思政指导教师1名		专业指导教师1名	
组织架构		团支书、会长团、办公室、宣传部、活动部	

二、社团风貌

西南交通大学毽球协会成立于2014年，将推广毽球运动与实施阳光体育运动紧密结合，本着"在娱乐中锻炼身体、从锻炼中学会坚强"的宗旨，以培养学生创新精神、实践能力为重点，倡导以健会友，促进交大师生体育活动向多样化、趣味化方向发展。协会坚持学生自我创新、自我完善与教师有效指导相结合的原则，通过开展每周"以健会友"、学年健球比赛等活动，注重发展学生的灵敏性、柔韧性和协调能力，提升健球水平和技术，丰富师生校园课余生活，提高大学生锻炼的积极性，培育体育创新精神，推进校园精神文明建设。

三、特色活动

为了提高同学们对健球运动的兴趣，丰富课余生活，健球协会本着相互交流、相互促进的原则，每学期定期举办健球大赛，在学校普及健球运动。比赛以趣味赛、个人赛、团体赛的形式进行，号召全校师生共同参与，相互切磋健球技巧，促进校园阳光体育运动的蓬勃发展，吸引更多的同学参与课外体育运动，共同感知传统体育文化的魅力。

四、学生感悟

滕同学：健球协会开设的活动均立足于提高大学生的身体素质，紧密结合当代大学生的实际需求。我所参与的健球接力、个人盘踢计数赛、3v3隔网对抗赛等趣味活动以及日常健球活动训练都注重提高大学生的身体素质，锻炼身体协调性，培养善于动脑、敢于创新、大胆实践的优秀品质。活动帮助我们在健球运动中交友会友，在团体合作中展现青春活力。

【极限飞盘协会】

一、基本信息

社团名称	极限飞盘协会	社团类别	体育健康类
社团星级	2星级	指导单位	体育学院
思政指导教师1名		专业指导教师1名	
组织架构	团支书、会长团、办公部、宣传部、活动部		

二、社团风貌

西南交通大学极限飞盘协会成立于2018年6月9日，以"发扬飞盘精神，推广飞盘运动"为宗旨，致力于飞盘运动的推广传播，为同学们提供多元化的运动选择。协会为会员们提供飞盘教学与体验项目，为初学者提供良好的游玩环境，为飞盘老手提供专业化训练与实训计划，鼓励全校师生共同参与男女同场的飞盘竞技。定期开展如"西南交通大学飞盘联赛""西南交通大学HAT赛""西南交通大学极限飞盘技巧赛""趣味运动会"等多类型、多水平的校内比赛，并协助学校开设飞盘运动超市。

三、风采展示

1. 校内极限飞盘联赛

为了吸引更多的同学体验飞盘运动的乐趣，极限飞盘协会每学年定期开展校内极限飞盘联赛与技巧院系赛，普及极限飞盘运动文化，弘扬飞盘精神。值得一提的是，技巧赛采用团队比拼的形式进行，一般设置团队躲避盘、趣味掷准、飞盘传接赛三个环节。同时，为了提高赛事的趣味性，协会不断融合创新，将运动融入生活，设置了垃圾分类等主题飞盘掷准赛，将游戏与生活实践紧密联系起来。

2. 校内 HAT 赛

为了进一步发展极限飞盘运动，极限飞盘协会长期举办校内的极限飞盘 HAT 分组赛。协会依据"随机+调配"的原则将参赛者分成实力相当的几组，以"开盲盒"的形式进行比赛，增加了活动的趣味性，培养了团队合作精神。

四、学生感悟

李同学：极限飞盘协会注重德智体美劳全面发展，通过举办 HAT 赛、躲避盘比赛等多项活动，积极践行教育人、锻炼人、鼓舞人的宗旨，致力于向全校同学普及飞盘运动，提高同学们的综合素质和团队合作能力。在活动中，"盘不落地，永不放弃"的飞盘精神得到了充分体现。活动鼓励参与者不放弃每一次抓住飞盘的机会，旨在鼓励大家在面对生活中的困难时，要学会不放弃，通过努力拼搏来实现人生目标。

【足球运动管理联合会】

一、基本信息

社团名称	足球运动管理联合会	社团类别	体育健康类
社团星级	3星级	指导单位	体育学院
思政指导教师 1 名		专业指导教师 1 名	
组织架构	团支书、会长团、裁判部、竞赛部、办公室、宣传部		

二、社团风貌

西南交通大学足球运动管理联合会成立于 1932 年，是一个历史悠久的优质体育健康类社团。联合会自成立之初，多次连续举办校内最高水平的足球比赛，打造校园品牌足球文化，为热爱足球、热爱体育竞技的同学们创造一个良好的足球竞技环境，让参赛球员感受体育竞技的魅力。联合会培养了一批又一批优秀的足球裁判员，通过承办七人制新生杯、十一人制院系杯以及八人制院系联赛等校级足球赛事，鼓励热爱足球运动的同学走出寝室，体验并享受足球赛事，在体育锻炼中培养团队合作意识、公平竞技观念。

三、特色活动

1．足球新生杯比赛

为了丰富同学们的课余生活，活跃校园文化，培养积极向上的进取精神，为同学们提供一个相互交流、相互学习的平台，足球运动管理联合会固定于每学年上半学期举办西南交通大学"足球新生杯比赛"，以学院为单位进行竞技角逐。新队员气势如虹、步伐矫健，将焦点汇聚在绿茵场上，充分展现了交大新生蓬勃向上的青春活力。

2．足球院系杯比赛

为了进一步推动校园足球文化的发展，足球运动管理联合会在学年末举办本年度最后一场足球大赛——足球院系杯比赛。比赛以小组赛、淘汰赛的形式进行，各年级的同学满怀斗志，齐心协力为自己的学院争添光彩。院系杯比赛既丰富了课余生活，强健了学生体魄，锤炼了大家的品格意志，又促进了各学院之间积极友好交流，展现了交大学子的团结力、凝聚力、爆发力、意志力。

四、学生感悟

刘同学：西南交通大学足球运动管理联合会充分关注每一个热爱足球的同学，紧紧围绕"强身健体，健康运动"主题，开展了诸如足球比赛、足球知识讲座、足球知识竞赛等特色活动，营造了一个良好的校园足球竞技环境。同时，联合会通过专业的裁判判罚、赛事管理，不断提高竞技性和观赏性，让热爱足球的同学能酣畅淋漓地享受足球运动所带来的独特竞技魅力。

【太极拳协会】

一、基本信息

社团名称	太极拳协会	社团类别	体育健康类
社团星级	2星级	指导单位	体育学院
思政指导教师1名		专业指导教师1名	
组织架构	团支书、会长团、活动部、办公室、宣传部、组织部		

二、社团风貌

西南交通大学太极拳协会成立于2013年。协会历经多年传承、发展与建设，由太极拳传统武术爱好者的联合体转变为专业负责太极文化传播活动的特色管理型社团。太极拳协会始终坚持以"传承传统太极武术文化，助力当代大学生健康成长发展"为宗旨，以传承与发

扬太极优秀传统文化为己任,以独具太极文化特色的体育类活动为载体,传播有关太极拳知识,帮助大学生在学习太极的过程中提高自己的身体素质。太极拳协会拥有40余名成员与229名太极助教,大家一同致力于太极文化在广大大学生群体中的传播、发展。

三、特色比赛

1．学校太极拳比赛

为了提高大学生健康素养,优化身体素质,协会积极协办校太极拳比赛,进行前期培训引导,维持现场秩序,助力全校传统体育赛事的顺利开展。学校所有教学单位均派出参赛队伍,运动员身着太极服装,动作刚柔兼济、整齐划一、一气呵成,把太极的精神展现得淋漓尽致。活动增强了学生在竞技体育中超越自我、勇于挑战的能力,以赛促学,促进了全校师生自主锻炼太极拳、积极学习太极文化,实现赛事与社会体育的有机统一。

2．建设体育与思政教育相结合的特色团支部

太极拳协会积极建设体育健康类社团特色团支部,积极促进太极拳协会体育健康类社团活动与思想政治教育相结合,通过开设多期体育强国专题、建党100周年特色团支部团课、学习北京冬奥精神特色团日活动等团支部活动,实现太极拳协会团支部功能运转特色化、常态化、创新化,真正做到将自身特色活动与思想政治教育相结合,将团支部建设成为体育健康类特色团支部。

四、学生感悟

周同学:太极拳协会积极开展各项太极文化宣传与太极拳健身锻炼活动、太极裁判证培训与考核系列活动、太极助教培训与评选优秀助教等活动,鼓励像我一样的新手同学参与到太极拳锻炼和太极文化传承的队伍中,推广太极运动,争做中华有为青年。

【网球协会】

一、基本信息

社团名称	网球协会	社团类别	体育健康类
社团星级	3星级	指导单位	体育学院
思政指导教师1名		专业指导教师1名	
组织架构	团支书、会长团、活动部、办公部、宣传部、竞赛部、裁判部		

二、社团风貌

西南交通大学网球协会成立于2003年,致力于为大学生搭建一个展示网球运动技能和风采的平台,举办各项专业性或趣味性比赛,如个人挑战赛、网球新生赛、"运达杯"体育节

师生网球比赛、"运达杯"教职工比赛、网球院系赛等项目。定期进行日常网球训练，注重常规运动技巧的培养，以强带弱，长期开展每周的训练活动，增强大学生的身体素质，帮助同学们更好地提高自身的网球技术，营造团结友爱、互帮互助的良好氛围，展现新时代大学生积极向上的精神风貌。

三、特色活动

1. 新生网球赛

为了树立"健康第一"的教育理念，丰富校园体育竞赛活动，网球协会每年长期承办网球新生赛。新生赛通常设置男子单打、女子单打和"一网打尽"趣味赛三大项目。其中，趣味赛项目避免采用传统网球的直接对抗形式，采用回合制的玩法，双方选手轮流击打网球训练器，率先获得满分的同学获胜。该方式极大地提高了活动的参与度，营造了健康积极的网球运动氛围。

2. "运达杯"体育节师生网球比赛

为了打造具有校园特色的体育文化品牌，提高师生对网球运动的认识度和参与度，网球协会多年协办"运达杯"体育节师生网球比赛。比赛分为教职工组和学生组，其在传统网球对决比赛的基础上，在学生组特设一球制胜（千人挑战赛）、隔网打靶等趣味项目，吸引了众多网球爱好者的参与，有效推动了校园网球运动的发展。

四、学生感悟

张同学：网球协会积极组织日常训练、策划特色活动、承办相关体育赛事，让我切身体会到网球这项运动的独特魅力，同时也吸引了很多志同道合的新手朋友主动了解网球运动，多层次锻炼了大学生的综合素质和能力。同时，协会也积极与各个社团开展交流合作，开展师生网球赛、趣味运动会等项目，搭建多元化、高质量的网球竞技平台，扎实开展梯队建设，以强带弱，促进网球项目的可持续化、灵活化发展。

第六章

志愿公益类

慈善奉献不停息，爱心接力永相传，青春是充满活力与激情的，志愿公益是青春最好的代名词，学校目前共有志愿公益类社团3个，以"奉献、友爱、互助、进步"的志愿者精神为指引，身体力行传递公益力量，播撒爱心火种。多年来，持续开展涵盖支教助学、养老义工服务、"三下乡"实践等各类活动多项，始终坚持以"服务广大师生、反哺社会发展"为宗旨，不断深化和拓展服务内容，提升服务质量，让青春在志愿奉献中不断焕发生机活力。

【关爱留守儿童协会】

一、基本信息

社团名称	关爱留守儿童协会	社团类别	志愿公益类
社团星级	2星级	指导单位	机关党委
思政指导教师1名		专业指导教师1名	
组织架构	团支书、会长团、办公部、宣传部、策划部、外联部、新闻部		

二、社团风貌

关爱留守儿童协会是由西南交通大学机关党委组织成立，定向服务于彭州市磁峰镇，为留守儿童及老人等提供关爱的学生社团。自2015年以来，社团多次组织学生支教团队前往彭州山区支教，贯彻落实"教育扶贫""乡村振兴""立德树人"的理念，帮助农村留守儿童快乐学习、健康成长，推动城乡义务教育一体化发展。通过支教的形式，将大学生的爱国热情倾注到社会实践中，用真才实干服务社会。协会关心留守儿童的生理和心理健康，在实践中不断提高大学生的综合素质。

三、特色活动

协会定期由指导老师组织学生支教团队前往彭州山区支教。支教队由多个学院、年级的同学组成，他们都怀着一颗热忱的心，关心山区留守孩子们的成长。支教时间通常为两天，通过讲授知识、课后辅导、书法练习、体育锻炼等形式，给孩子们留下珍贵的回忆，同时种下学会感恩他人的种子。该活动充分发扬"奉献、友爱、互助、进步"的志愿服务精神，引导当代青年积极投身到关爱农村留守儿童的事业中，到最需要的地方去，让同一片蓝天下的孩子们共享人间温情、社会大爱。

四、学生感悟

杨同学：通过参加支教活动，我不仅可以近距离感受当今留守儿童的现状，实地探访乡村，还可以用自己的行动来为乡村教育贡献一份力量。以支教为契机，我们用知识与热血助

力新一代农村儿童的茁壮成长,实现理想与信念的传递,将温暖的光传递给他人。我愿用自己的奉献,为乡村孩子们点亮一盏灯,照亮他们前行的路,化作陪伴他们成长的光。

【环保志愿者协会】

一、基本信息

社团名称	环保志愿者协会	社团类别	志愿公益类
社团星级	3星级	指导单位	地球科学与环境工程学院
思政指导教师1名		专业指导教师1名	
组织架构	团支书、会长团、宣传部、活动部、组织部、办公室		

二、社团风貌

环保志愿者协会创立于2003年,始终以"用我们的努力去换来美好的环境"为宗旨,将环保元素融入各种社团活动中。协会开展了"蓝天记忆""以物换物"等实践活动,举办环保袋设计大赛和"净滩行动"等一系列活动,将垃圾分类知识、全球变暖现状、海滩河滩污染现状等内容融入其中,传播环保知识,助力大学生养成节约环保的意识。协会坚持以更热情的行动、更真挚的心意、更顽强的意志、更坚强的毅力、更振奋的精神,致力于减少环境污染,减少资源浪费,留住绿水青山,助力我国建设资源节俭型、环境友好型社会。

三、特色活动

1. 环保袋设计大赛

环保布袋具有环保、耐用、经济、时尚的特点,通过设计比赛的形式,向参加的同学提供可循环使用的布袋以及设计所需的颜料,让同学们在布袋上按照自己的意愿进行创作,传达环保理念。同时,将设计成品交予学生使用,降低学生们在日常生活中使用塑料袋的频次,强化环保节约意识。

2. 以物换物活动

"以物换物"活动是协会年度例行项目,引导学生拿出自己的弃用物品与他人交换,让参与的同学亲身体验"循环经济"的好处。此活动也是拓展生活圈、积蓄温暖、倡导师生增强低碳环保意识的一种方式。

四、学生感悟

张同学:环保志愿者协会举办的环保袋设计大赛等,让我提高了动手能力,了解了环保相关知识，接触了不同的环保材料，认识到环保袋在日常生活中的重要性，提高了自身环保意识。协会举办的各类有趣活动，既能提高参与者的审美和环保意识，又能够让更多的人了解环保志愿者协会。

【招生宣传志愿者协会】

一、基本信息

社团名称	招生宣传志愿者协会	社团类别	志愿公益类
社团星级	5星级	指导单位	招生就业处
思政指导教师1名		专业指导教师1名	
组织架构	团支书、会长团、行政部、创意部、宣传部、活动部		

二、社团风貌

西南交通大学招生宣传志愿者协会是在招生就业处指导下的社团。协会以提高西南交通大学的知名度为初心，通过多种多样的宣传途径来提高学校在中学生群体中的影响力，传播西南交通大学悠久的历史和蓬勃的发展现状，展示西南交通大学悠久的精神文化，吸引更多的优秀学子选择交大，成为交大人。协会举办了丰富多彩的活动，包括交大冒险记等，让同学们在初入校园后对学校、对大学生活有一个初步的了解，以便能够更快地融入校园生活。

三、特色活动

协会每年都会开展交大历险记活动，让新生们在参观校史和在学校文化主题的户外线路闯关游戏中熟悉学校发展概况，熟悉校园环境，从而丰富大学生活，培养团结合作意识，认识交大精神，增强爱校荣校情感。交大历险记不只是一个小游戏，更能让同学们发现校园之美，熟知学校历史，锻炼身体素质。

四、学生感悟

毛同学：在参加交大历险记的过程中，作为一个刚刚进入大学的新生，我了解了很多东西。在参加活动的过程中，不仅认识了学校的文化，也了解了学校的历史沿革。我参加了寒假返家乡社会实践，向中学生讲述西南交通大学的历史与精神，吸引更多的学生来到交大学习。

第七章

校园服务类

学校目前共有校园服务类社团 8 个，始终秉承"立足校园发展，服务学生成长"的宗旨，在学习生活、就业创业、安全保障等方面筑牢防线，以互助成长、自助成才为建设目标，激发学生自主管理、自我发展的动力，通过活动组织、调研反馈等形式，做好沟通工作，完成上情下达、下情上达，不断助力校园服务体系的完善和提升，团结带领师生共建和谐美好校园。

【大学生就业与创业协会】

一、基本信息

社团名称	大学生就业与创业协会	社团类别	校园服务类
社团星级	3 星级	指导单位	人文学院
思政指导教师 1 名		专业导老师 1 名	
组织架构	团支书、会长团、办公秘书处、线上宣传部、线下活动部、创新联络部		

二、社团风貌

西南交通大学大学生就业与创业协会成立于 2005 年 2 月 27 日，是以就业、创新创业为核心的思想型、学习型、实践型校园服务类社团组织。协会以素质拓展、提升自我、奉献爱心、服务同学为根本宗旨，引导和帮助广大同学自觉关注学校就业工作，了解当前就业形势与政策，树立正确的择业理念和强烈的就业意识。协会根据当今大学生就业与创业的形势与特点，不断丰富自身的活动形式，开展多种特色活动，如模拟面试比赛、职业规划比赛、就业指导"一对一"等，致力于将大学生培养成德智体美劳全面发展的时代新人。

三、特色活动

1．校园大使模拟"群面"活动

为了提高大学生的求职技能、获取求职面试经验，就业与创业协会开展了校园大使模拟"群面"讲座。活动以情景模拟教学法、角色扮演法等形式，将理论与实践相结合，设计互动课堂并紧贴实际面试流程，提高同学们的求职能力，发挥他们的自主创新能力，提高参与度和活跃度。

2．毕业季企业校园招聘服务活动

为了帮助大学生做好发展规划，就业与创业协会配合招聘企业举行校园招聘活动，向同学们介绍企业的招聘情况、未来发展路径等内容，使同学们对企业发展、企业文化等内容有更全面的认识，同时也明确相应岗位的职责要求，使大家对自身的求职之路有更明确的规划。

3．求职经验分享会

创业与就业协会定期邀请校友团体进行案例分享，素材丰富且具有指导意义。通过该活动，同学们可获取岗位选择、面试准备、实习准备等多方面的信息，对自己日后的求职选择、面试准备等都有很大益处。

四、学生感悟

李同学：西南交通大学就业与创业协会结合就业形势与政策，帮助我们大学生群体进行职业生涯规划，协助大学生实习就业，为同学们提供更多、更好的实习机会，为毕业生拓宽就业渠道。协会开展的活动均立足于大学生的实际，使大学生认清当前的就业形势，树立正确的就业观，提高就业竞争力。

【书志—图书馆学生管理委员会】

一、基本信息

社团名称	书志—图书馆学生管理委员会	社团类别	志愿服务类
社团星级	5星级	指导单位	图书馆
思政指导老师2名		专业指导老师3名	
组织架构	团支书、会长团、办公室、服务部、宣传部、活动部、外联部、九里分会		

二、社团风貌

西南交通大学书志—图书馆学生管理委员会（简称为图管会）成立于2014年9月，旨在打造服务体系牢固，阅读推广范围广，将传统文化的传承与创意活动相结合，与校内社团、校外社区、川内高校保持紧密联系的特色学生社团。图管会坚持"服务师生，推广阅读"的社团宗旨，在做好图书馆志愿服务和校园阅读推广工作的同时，围绕"志愿"和"传统文化"两个关键词，致力于特色社团的培育工作，举办丰富多彩的校园活动，组织积极向上的图书馆公益活动，寻求继承和发扬传统文化的新形式与新途径。犀浦图管会与九里图管会保持密切联系，共同引导学校师生善用图书馆、勤用图书馆、乐用图书馆，为推广阅读、构建书香校园添砖加瓦。

三、风采展示

1．"9·28"孔子诞辰系列活动

追思先贤，尊崇圣人，图管会每年定期举办"9·28"孔子诞辰游园会活动，加深广大学子对中国传统文化的感悟，改善校园读书风气，让书香浸润交大校园，改善校园道德风尚，建构和谐校园，营造尊师重教的氛围。

2．"4·23"世界读书日系列活动

图管会秉承"创造性转化、创造性发展"的原则，每年四月份定期开展"4·23"世界读书日系列活动。活动包括共读打卡挑战、故事续写竞赛等内容，帮助交大学子加深对中国优秀传统文化的理解，激发读经典、学经典、悟经典的积极性。

3．社区读书共建志愿活动

为了推动阅读文化的传播，图管会开展读书共建系列活动，通过组织历史故事会、红色经典读书会,带领社区孩子们重温红色岁月。社团也以书籍漂流的形式,开展书籍募捐活动,助力书香社区建设。

四、学生感悟

周同学:图管会举办的一系列活动,充分展示了属于我们青年大学生的书香风采。除此之外,图管会还开展了"诚可柜""爱心雨伞""守护静中之净"等志愿服务类活动,在帮助他人的过程中增强大学生的责任感与道德感。

【文物协会】

一、基本信息

社团名称	文物协会	社团类别	志愿服务类
社团星级	2星级	指导单位	国有资产与实验室管理处 (分析测试中心)
思政指导教师1名		专业指导教师1名	
组织架构	团支书、会长团、学术部、宣传部、活动部		

二、社团风貌

西南交通大学文物协会以"保护文化遗产,弘扬民族传统文化"为宗旨,团结校内外关心、热爱文物事业的人士,保护中国优秀文化遗产,促进文物知识交流。协会将"丰富校园生活、传播历史文化"作为出发点,不断强化自身优势,推广文博知识,加深同学们对历史文化的认识,增进当代大学生的文化认同。协会以独具特色的活动为载体,为广大的文物爱好者提供了一个探讨学习的平台,将知识普及与实践探索相结合,长期开展"我替文物说说话"文物配音大赛、"如影随形"文物摄影大赛等活动,鼓励全校学生走近文物,以文物认识历史、以文物丰富自己的文化素养,树立"传承文明,发展考古,尊重历史"的全新理念,展现新时代大学生积极向上的精神风貌。

三、特色活动

1. 文物摄影大赛

为了更好地领略中华文物之美,文物协会将"摄影"与"文物"相结合,开展文物摄影大赛,鼓励参赛选手用相机定格中华文物之美,讲述"我和文物"的故事,帮助参赛选手和观众更加深刻地了解文博知识。该活动以独具生活化的方式将文物的人文内涵呈现在一幅幅摄影作品中,在传播文物知识的同时,提高大学生的艺术鉴赏水平。

2. 文物配音比赛

为了普及和传播更多文博知识,文物协会聚焦文物背后的精神内涵,组织参赛选手用配音的方式讲述它们的前世今生,深挖其时代背景和文化特色。参赛选手充分发挥想象力,拟

定情景剧本，探索文物承载的时代秘密，以心传声，让文物故事被更多人听见，增强历史文化自信，弘扬泱泱华夏的灿烂文明。

3. 组织参观博物馆

为了增强社团的凝聚力，提高大学生对文物作品的鉴赏水平，文物协会定期组织文物爱好者前往成都市诸多博物馆参观学习，与博物馆讲解人员交流互动，从而坚定理想信念，了解文物的文化内涵，感受中华文化的源远流长、博大精深，增强文化自信。

四、学生感悟

程同学：文物协会积极践行教育人、锻炼人、鼓舞人的宗旨，致力于向全校同学普及文物知识。文博系列活动可以帮助同学们更好地了解文物，更好地了解一个时代的发展，了解民族的精神内核，增强对中华优秀传统文化的认同。

【新媒体学习研究会】

一、基本信息

社团名称	新媒体学习研究会	社团类别	校园服务类
社团星级	5星级	指导单位	茅以升学院
思政指导教师1名		专业指导教师1名	
组织架构	团支书、会长团、人物纪、解忧店、原创工厂、种草阅读、看天下		

二、社团风貌

"交大Kelly说"微信公众号创立于2015年，至今依然为交大师生提供全面细致的推送服务。在过去的时光里，"交大Kelly说"协会一直践行"情系学生成长，做好良师益友"的初心和使命，坚持做服务学生成长成才的新媒体平台。截至目前，"交大Kelly说"粉丝数已达30 000多个，共发布文章2 000余篇，总阅读量突破300万余次，累计收到留言5万余条，并且有数篇文章阅读量达到了10万多。2018年，学校因事而新，打造网络思政线下平台，成立"新媒体学习研究会"，既为学生提供成长和锻炼的平台，又增强线上公众号的生命力，影响和帮助越来越多的学生。截至目前，协会先后吸纳了来自学校不同年级、不同校区、不同专业的学生共300余人。

三、特色活动

1. 新媒体素养训练营

新媒体素养训练营充分利用互联网平台和高校学生间的联系，致力于更新大学生的新媒体素养观念，科学设计新媒体素养教育内容。训练营已邀请多位在新媒体方面较有经验的嘉宾为同学们分享一些新媒体技巧，如公众号运营、PPT与新媒体等，讲解新媒体文字编辑、策划等，为学生提供学习新媒体运营的机会与平台。训练期间，协会会发布课程签到以及布置小作业等，还会举办文创大赛，及时检验学习成果并颁发结业证书。截至目前，已经成功举办7期新媒体素养训练营。

2．新媒体文创大赛

为了切实增强大学生的实践创新能力，以赛促学，培养创新型人才，激发大学生在新媒体创新创意方面的潜力，"交大Kelly说"协会承办了新媒体文创大赛，历届主题包括"致敬逆行者，争做新雷锋""新学期的我，有点不一样"等。作品形式涵盖摄影作品、PPT、微信推文、H5等，累计已有数百名参赛选手参加。选手们用自己的想象力与新媒体知识创作了许多优秀作品，并在"交大Kelly说"平台进行展示。

四、学生感悟

王同学：通过参加协会所举办的训练营课程，我学到了许多新媒体知识和不同新媒体平台运营的注意事项，既开阔了眼界，也拓展了自身的技能，掌握了新媒体语境下内容挖掘、受众把握、文化定位等知识。总而言之，"交大Kelly说"协会传达了真善美的理念，真正做到了服务学生。

【纸鸢书院】

一、基本信息

社团名称	纸鸢书院	社团类别	校园服务类
社团星级	5星级	指导单位	公共管理学院
思政指导教师1名		专业指导教师1名	
组织架构	团支书、会长团、人事管理部、媒体宣传部、公共关系部、项目策划部、综合设计部		

二、社团风貌

西南交通大学纸鸢书院成立于2015年，以书为媒介，面向大学生精心组织各类文化主题活动，广邀社会名家近距离对话，传递实现人生梦想的价值观，通过开展读书分享、思想交流、文化创意、社会实践、创新创业等系列精品主题活动，引导当代青年积极思考、锐意进取，全力打造一个助力当代青年实现自我价值和梦想的平台。纸鸢书院以"博学、审问、慎思、明辨、笃行"为理念，不断发掘主题，帮助同学们感受读书的乐趣，学习正确的读书方法，滋养心灵，提高自身的素养，展现新时代大学生积极向上的精神面貌。

三、特色活动

1．"天才知道"知识竞答

为了繁荣校园知识文化，纸鸢书院长期开展"天才知道"知识竞答，以历史知识、文学常识为主，同时结合时事要点进行命题，并通过线上初赛、线下决赛的方式进行竞答。此活

动旨在通过竞赛的方式帮助学生们找到自己的定位，培养阅读兴趣，拓宽知识面，进一步净化心灵、陶冶情操、蓄养正气。

2．读书分享会

纸鸢书院内部定期举行读书分享会，邀请优秀的老师和同学进行读书交流，鼓励成员将自己最近阅读的优秀文学作品、学术著作、诵读选段等进行分享，交流各自的阅读心得，从而更好地团结社团成员，不断坚定理想信念，不断拓展视野，不断夯实文化积淀，进一步激励青年学生"多读书、读好书"，有助于营造积极进取的阅读环境，从而增添校园书香气息。

3．文学创作比赛

本活动旨在鼓励全校同学积极参与文学创作，营造学校的文化气息与艺术氛围，助力"书香校园"建设。书院也积极与其他社团沟通、联系，创新活动形式与内容，加强各社团之间的沟通、交流，常以新颖有趣的创作形式进行严肃的文学创作，不仅鼓励更多的同学积极参与，也向全校同学展示了大学生的文学创作水平。

四、学生感悟

李同学：纸鸢书院举办的活动以全面提高大学生素质为根本目的，以建设有品位、有特色的"书香校园"为落脚点，树立大阅读观，拓宽同学们的学习渠道，为大学生的终身学习和健康发展奠定坚实的基础。通过参加"集书惠众""唇齿留香"读书打卡、读书分享会、"天才知道"知识竞赛等活动，我对读书有了新的认识，培养了阅读兴趣，增长了见识，培养了独立思考和团队协作能力。

【乡村振兴教育促进会】

一、基本信息

社团名称	乡村振兴教育促进会	社团类别	校园服务类
社团星级	5星级	指导单位	土木工程学院
思政指导教师1名		专业指导教师1名	
组织架构	团支书、会长团、办公室、宣传部、义教部、外联部、网络部		

二、社团风貌

西南交通大学乡村振兴教育促进会成立于2002年5月17日。协会深入贯彻落实"乡村振兴，教育先行"精神，进一步加强大学生对乡村教育的理解，增强大学生的社会责任感，形成互帮互助的良好风气。协会着眼于当代大学生的综合素质发展，搭建大学生参与公益社会实践活动的平台，开展快乐助学、爱心义教、萌娃成长计划、"ta说"书信、暑期支教夏令营等一系列公益性实践活动，强化大学生的家国情怀与社会责任感，提高大学生人际交往等综合能力和政治素养，为乡村振兴尤其是乡村地区教育发展助力。

三、特色活动

1．爱心义教

为了拓宽大学生视野，关注中小学生综合素质的提高，西南交通大学乡村振兴教育促进会每周末在犀和社区开展"爱心义教"。活动针对交大后勤职工以及学校周边家庭子女开展兴趣课堂和体育锻炼等活动，充分调动了大学生参与公益、奉献社会的积极性。该系列活动已入选"第二课堂"精品库项目，并受到了社区、学生、家长的一致好评。

2．"快乐助学"系列外部活动

为了促进协会基地小学学生发展，改善乡村地区教育状况，促进会每学期定期开展一系列"快乐助学"特色校级活动。该活动采用线上线下相结合的方式，涵盖写诗作画、行走打卡、心愿漂流等多种比赛形式，号召全校同学共同助力乡村教育发展，帮助乡村孩子们建立积极、正向的思维方式和行为方式。

3．"相约青春"子弟小学特色校本课程

促进会在九里校区的子弟小学持续开展"相约青春"特色校本课程——心理健康课程授课活动。促进会成员与同学们分享成长故事与生活哲理，引导学生从故事中明理悟道，学习辩证思维与正向表达，鼓励学生们细心感悟，发掘积极的心理潜能，体验不一样的自己，促进心理健康发展。

四、学生感悟

周同学：乡村振兴教育促进会以服务校园、增强大学生社会公益参与感为己任，开展了一系列快乐助学活动，传播力度大，影响范围广。我所参与的"ta说"书信活动、诗韵童心等支教类活动，凸显了交大的人文情怀，也强化学生的主体性和现代性，助力高水平乡村教育体系建设，努力促进大学生主动发展、全面发展、和谐发展。

【启梦社】

一、基本信息

社团名称	启梦社	社团类别	校园服务类
社团星级	5星级	指导单位	土木工程学院
思政指导教师1名		专业指导教师1名	
组织架构	团支书、会长团、教学部、活动部、公关部、宣传部		

二、社团风貌

西南交通大学启梦社成立于2014年3月31日，是专注于乡村夏令营模式的大学生短期

支教校园服务社团，至今已组建32支队伍，累计服务约2 000名乡村儿童。启梦社以"大学专业校园志愿服务培训与创新支教推广实践"为纲领，将推动大学生志愿活动专业化为己任，致力于给大学生带来专业的短期支教相关知识培训。启梦社将"小学生的夏令营，大学生的成长营"的理念融入日常活动中，以线上线下、校内校外相结合的活动方式，开展暑期夏令营乡村服务、"零点零零一"工作坊、"重返童年"一日营、"重逢与告别"教学培训和"远方的笔友"书信传递等一系列活动，帮助同学们更好地锻炼自己，强化心理健康意识，提高大学生朋辈心理互助能力，推动心理素质教育工作顺利开展。

三、特色活动

1．乡村夏令营

为了促进青年大学生走出校园，在实践中受教育、长才干、作贡献，启梦社于每年暑假定期组织多支大学生支教团队前往乡村实践地开展为期两周的乡村支教夏令营活动。支教团队创新课堂形式，为乡村孩子带去"主题+"专题培养课程，包括绘本阅读、游戏、运动等各类兴趣课程，以寓教于乐的方式培养孩子们的表达能力、阅读能力、艺术欣赏能力等。大学生用支教行动带动更多的人关注偏远地区的教育，在实践中增强社会责任感和奉献社会的意识，体现人生价值与意义。

2．书信传递

为了助力乡村青少年健康成长，启梦社聚焦乡村留守儿童的心理需求，鼓励大学生用文字温暖孩子的心灵，策划筹办书信传递活动，采取"一对一"的陪伴方式，以书信的形式搭建大学生志愿者与乡村孩子间沟通的桥梁。一句句诚挚的话语承载着一份份来自远方的爱与期望，志愿者们让孩子们看到了更广阔的世界，在彰显青年风采与力量的同时，也号召更多的人为乡村留守儿童奉献爱心。

四、学生感悟

潘同学：在我眼中，启梦社是一个有深度、有温度的社团，日常活动注重营造集体氛围，如国王天使、城市挑战、春日聚会等，鼓励社员勇于表达自己。另外，启梦社专注于乡村夏令营这一短期支教模式，服务诸多乡村儿童，辐射影响了不少交大学子。启梦社的乡村夏令营真正做到了"小学生的夏令营，大学生的成长营"。

【实验室安全协会】

一、基本信息

社团名称	实验室安全协会	社团类别	校园服务类
社团星级	1星级	指导单位	材料科学与工程学院
思政指导教师1名		专业指导教师1名	
组织架构	团支书、会长团、组织部、新闻部、宣讲部		

二、社团风貌

西南交通大学实验室安全协会成立于 2021 年 11 月，是以培养实验室安全意识和处理实验室危险情况为宗旨的校园服务类社团。协会主要通过宣传和检查的方式来保障实验室安全，在保护同学们生命健康的同时，守护学校公共财产安全，并通过开展实验室安全知识宣讲大赛、安全应急演练、实验室巡检等特色活动，帮助全校师生建立实验室安全知识体系，增强安全意识、普及安全应急处置知识，营造"关注安全，珍爱生命"的校园安全氛围。

三、特色活动

1．实验室安全宣讲

实验室安全协会成员利用班会、晚间自习等时间组织了 30 余场实验室安全宣讲活动，覆盖学生人数达到 1 500 人以上。协会成员参与了四川大学灾后重建与管理学院交流参观活动，共进行了 7 次实验室安全巡查工作。此外，协会还举办交流会等团建活动，成员们在工作的同时收获了友谊，提高了能力，更为校园实验室安全贡献了一份力量。

2．实验室安全检查

实验室检查主要包括实验室安全标识牌、离开实验室安全检查表、实验室内环境等内容。通过检查发现，实验室普遍较为规范和干净整洁，实验室管理和安全制度健全但存在少部分实验室物品摆放较为杂乱等问题。检查小组会对发现的问题进行拍照记录，然后反馈到资实处，最后由相关部门及时解决问题。实验室安全检查有效增强了全体实验室负责人的责任感和使命感，进一步强化了各系教师"安全第一、预防为主"的意识。

四、学生感悟

马同学：实验室安全协会不仅在宣传实验室安全方面做得很好，还注重实践教育。作为实验室安全协会的成员，我们经常在实验室中进行安全巡查，及时消除隐患。同时，协会还会定期组织安全培训课程，教会大家正确使用实验室设备和化学品的方法。协会还鼓励同学们积极参与实验室安全管理，提高安全意识，加强实验室管理力度，为学校的实验室安全出一份力。

附录一

中共西南交通大学委员会
关于推进学生社团深化改革的实施方案

西交党〔2020〕38号

为深入学习贯彻习近平新时代中国特色社会主义思想特别是习近平总书记关于高校思想政治工作和青年工作的重要论述,切实加强我校学生社团建设管理,充分发挥学生社团育人功能,支持学生社团健康有序发展,依照《深化学校共青团改革的若干措施》(中青联发〔2020〕7号)、《高校学生社团建设管理办法》(教党〔2020〕13号),结合我校工作实际,特制订此方案。

一、统一思想,提高站位发挥育人功能

校内各相关单位要深入学习领会高校学生社团深化改革相关文件的指导思想和精神内涵,准确了解掌握共青团中央、教育部、全国学联等相关部门提出的工作要求。力求在学懂弄通的前提下,进一步深刻认识学生社团改革的重要意义,严格落地落实学生社团改革的关键指标,确保学生社团在学校党委的统一领导和团委的具体指导下,围绕学校中心工作、服务人才培养大局,明确职能定位,发挥育人功能,在全力服务"一带一路"倡议、"交通强国""教育强国"等国家战略和全力推进学校"双一流"建设事业中发挥积极作用。

二、深化改革,加强管理保障健康发展

(一)明确职能定位

1. 学生社团是落实立德树人根本任务、推进素质教育的重要载体,是在校学生根据成长成才需要,结合自身兴趣特长,在学校党委的领导和团委的指导下开展活动的群众性学生团体。

2. 对学生社团的基本任务是:以习近平新时代中国特色社会主义思想为指导,团结凝聚广大青年学生,坚持思想性、知识性、艺术性、多样性相统一的原则,积极开展方向正确、健康向上、格调高雅、形式多样的社团活动,丰富课余生活,繁荣校园文化,促进青年学生德智体美劳全面发展。

(二)规范注册登记

1. 学生社团注册与管理严格落实"八个一"管理工程,即一部《章程》、一个管理单位、一个指导单位、一个考核单位、一位思政指导教师、一位专业指导老师、一项品牌活动、一个团支部。

2. 学生社团实行年审制度,对年审合格的学生社团进行注册登记,只有进行注册登记的学生社团方可继续开展活动。对运行情况良好的社团,在评奖评优、活动经费等方面给予适

当的表彰激励。对年审不合格的学生社团提出整改意见，整改期间社团不得开展除整改以外的其他活动。限期整改后，仍未达到要求的学生社团将予以注销。

3. 企业、社会机构或个人原则上不得在学校建立特定冠名的学生俱乐部、协会等社团。对于与企业、社会机构或个人联系紧密的创新创业类社团，确有冠名需要的，须报学校学生社团工作领导小组批准。

4. 留学生单独成立学生社团由学校国际合作与交流处负责审批，国际教育学院统筹负责相关活动。原则上学生社团不应涉及外事事务，确有需要的，须报学校学生社团工作领导小组批准。

5. 在学校党委的领导下，由学生社团建设管理评议委员会负责对学生社团注册登记及年审进行评议审核。评议审核结果须提交学校学生社团工作领导小组批准后方可执行。在把控质量的前提下，促进学生社团适度规模、精品建设、健康发展。

6. 定期组织开展学生社团排查工作。对于未按规定注册或政治导向错误、开展非法活动的学生社团依法依规予以取缔。对于校外人员未经学校许可，滥用、冒用学校名称（包括学校已申请注册具有法律效力的简称、别称）建立学生社团（含其运营的新媒体平台）在校内外开展非法活动的，对其校内非法活动及活动据点予以取缔，并运用法律手段依法追究该非法社团及相关负责人的法律责任，维护学校和学生权益。

（三）深化组织建设

1. 加强学生社团政治引领。学生社团团支部承担政治理论学习、研究社团重要事项等职责，充分发挥社团建设核心作用和思想政治引领作用。在条件成熟的学生社团探索建立临时党支部，临时党支部（团支部）一般不发展党员（团员），不收缴党费（团费），不选举党代表（团代表）等。学生社团注销后，临时党支部（团支部）自然撤销。

2. 充分保障学生社团成员权利。学生社团成员应当是西南交通大学具有正式学籍的学生。社团成员有权了解所在社团的章程、组织机构和财务制度，有权对社团的管理和活动提出建议和质询，有权按照章程自由加入或退出社团，有权向上级管理部门反映社团及其成员出现的违反法律法规或校纪校规等问题。社团成员应定期注册，并按要求参加社团相关活动，每名学生最多加入2个学生社团。

3. 完善学生社团全体成员大会制度。拟批准成立的学生社团要召开全体成员大会或成员代表大会，通过社团章程，选举产生社团执行机构和负责人候选人。已注册的学生社团要定期召开全体成员大会或成员代表大会，依照社团章程行使职权，包括选举和更换社团负责人候选人，审议社团工作报告，对社团变更、解散等事项作出决定，修改社团章程，监督社团财务及活动开展情况等。

（四）配强指导教师

1. 学生社团指导教师的主要职责是：指导学生社团发展建设，把握社团发展正确方向，加强社团成员思想政治教育，规范学生社团日常管理，参加学生社团相关活动，开展学生社团骨干培训，定期对所指导社团工作进行总结，及时发现掌握、指导整改社团建设、活动中存在的突出问题，并向学生社团管理部门报告。

2. 学生社团指导教师的遴选条件是：本校在职在岗教职工，具备较强的思想政治素质、组织管理能力和与社团发展相关的专业知识，工作经验丰富，热心公益事务，具有奉献精神，关爱学生成长。思政指导教师政治面貌须为中共党员。

3. 配强学生社团指导教师，形成齐抓共管的协调联动长效机制。建立学生社团指导教师选聘机制，注重发挥院（系）依托作用，按照个人申请、组织推荐、双向选择的原则建立学生社团指导教师库，并在教师库内选聘指导教师。落实思政、专业双导师制，思想政治类社团和志愿公益类社团专业指导教师须为中共党员。鼓励选聘高水平的思政课教师担任思想政治类社团的指导教师。指导教师实行聘任制，每个聘期为1年。原则上每名指导教师最多指导2个学生社团。

（五）严格骨干遴选

1. 学生社团骨干候选人须政治立场鲜明、学习成绩优秀、组织能力突出。学习成绩综合排名须在班级（或专业）前50%以内。思想政治类、志愿公益类学生社团主要负责人政治面貌应为中共党员。

2. 学生社团主要负责人由校团委在学校学生社团建设管理评议委员会指导下，通过提名推荐、公开选拔、考察公示、审核批准等环节遴选产生；各部门负责人由学生社团在指导教师的指导下遴选产生，名单报校团委备案。

3. 学生社团组织架构一般为"社团负责人+工作部门"模式，社团负责人不超过4人，工作部门一般不超过5个，每个工作部门负责人不多于3人。

（六）优化评价体系

1. 强化学生社团骨干评价激励。制定并严格落实《西南交通大学学生社团骨干评价考核办法》，建立以服务和贡献为导向的荣誉激励机制，引导学生社团骨干全心全意为社团发展服务，为社团成员成长助力，在社团工作的实践中受教育、长才干、作贡献。

2. 优化学生社团指导教师评价激励。将指导教师纳入学校思想政治工作队伍培训计划，加大培训力度。指导教师工作量参照学校本科人才培养相关文件进行核算认定，并将指导学生社团情况纳入教师思想政治工作和师德师风表现中。对考核优秀的指导教师在绩效工资、职称评聘、评奖评优中给予支持，对考核不合格的指导教师依规解除聘任。

（七）强化活动管理

1. 鼓励学生社团依据法律法规、校纪校规、社团章程广泛开展社团活动。积极创新载体形式，充分利用新媒体技术，不断增强社团活动的吸引力和感染力。社团活动须经学生社团集体决策、指导教师同意并报指导单位、学生社团管理部门批准后方可开展。未经批准成立或已经注销的学生社团不得开展任何活动。已批准成立的学生社团中的成员，未经学生社团集体研究授权，不得以社团名义开展活动。

2. 学生社团建立网络新媒体平台及印发宣传品等，须报学生社团管理部门审核备案。建立内容把关机制，确保发布内容积极健康。学生社团开展线上线下宣传、发布活动信息须经指导教师审核同意，并按学校要求完成审批流程。

3. 原则上学生社团活动在校内开展，确有必要外出活动时，须报相关单位审批和备案，确保活动安全、有序地进行。学生社团邀请校外人士来校参加或举办活动，须按照校园文化活动、形势报告会和哲学社会科学报告会、研讨会、讲座、论坛及读书会、学术沙龙等审批流程，经指导单位申请，报相关单位审批和备案。

4. 学生社团原则上不接受校外资助，不收取成员会费。确有资助需要的，须报学校学生社团建设管理评议委员会进行合法合规性审核，资助经费纳入学校财务统一管理。学生社团解散或注销后的剩余财产，按照有关规定执行。

5. 学生社团及其成员不得开展与其宗旨不符的活动，不得开展纯商业性活动，不得参与违法违纪活动，不得散布违背宪法、法律、法规和党的路线方针政策的错误观点和言论。未经批准，学生社团不得自行与校外任何单位、组织或个人签订任何形式的合约或协议，不得接受经费资助。

6. 加强学生社团及其成员开展活动的规范管理和分类指导。发现违反法律法规或校纪校规的活动，坚决及时制止。对违反法律法规或校纪校规的学生社团，视情节轻重，按程序对相关责任人给予纪律处分。在校期间受到校纪校规处分的、曾因违反有关规定被撤销社团职务的、对社团被宣布解散或注销应当承担主要责任的学生不得再担任学生社团负责人。

（八）加强党委领导

1. 学校学生社团全面加强党委领导，学生社团工作纳入学校思想政治工作和群团工作整体格局进行谋划部署，学生社团定期向学校党委汇报工作情况，及时研究解决学生社团工作重大事项。

2. 成立学校学生社团工作领导小组，学校分管学生工作的校领导任组长，分管人事、教学等工作的校领导任副组长，成员由党委组织部、党委宣传部、党委学生工作部、党委保卫部、校团委、教务处、人事处、国际合作与交流处、计划财务处等单位负责人组成。领导小组办公室设在校团委，履行学生社团管理职能。各学生社团指导单位开展的学生社团工作，纳入本单位年度党建工作考核内容。实行学生社团指导单位联席会议制度。

3. 成立学校学生社团建设管理评议委员会，负责人由校党委分管学生工作的同志担任，成员由党委学生工作部、校团委等相关部门负责人及相关领域专家组成。委员会承担学生社团建设发展、统筹管理的相关职责，对全校学生社团建设发展进行研究规划，制度性研究学生社团注册登记及年审、骨干遴选及考核等重要工作和重大事项，推进党的领导具体化。

4. 指导单位承担学生社团健康发展的主体责任，担负对所负责学生社团日常活动的监督指导和社团成员的教育管理职责，负责指导教师工作情况评价认定等。各指导单位应成立社团工作指导小组，单位负责人任第一责任人。

（九）强化团委指导

1. 加强党建带团建，把党建、团建与学生会建设、社团建设有机结合起来。

2. 校团委加强对全校学生社团的具体指导，成立学生社团管理部，配备专职工作人员，做好学生社团建设管理评议委员会日常工作和社团建设管理具体事务等。学生社团联合会功能并入学生社团管理部。

（十）夯实条件保障

1. 鼓励学生社团健康有序发展，在经费、场地、设备、条件、制度等方面给予充分保障，按照平均每年每生不低于 20 元的标准设立学生社团活动专项经费，支持学生社团活动正常开展，并保证专款专用。学生社团活动专项经费由校团委统筹管理。

2. 建立倒查问责机制，对学生社团管理出现重大问题的指导单位，按照全面从严治党要求依规依纪进行严肃追责问责。

三、强化担当，多措并举确保改革落地

校内各相关单位要切实增强责任意识，树立强化担当的鲜明导向，加强组织领导，协调政策资源，在深入研判的前提下多措并举，在分步推进的基础上逐条落实，积极稳妥地推进学生社团改革任务清单落地落细。改革任务落实执行情况纳入学校基层党建工作、基层团建工作考核内容。

其他有关学生社团的规定与本方案不一致的，以本方案为准。

附录二

西南交通大学服务类活动考核表

活动名称			
承办社团			
活动考核人		活动负责人签字	
活动考核地点		活动考核时间	
第一部分　服务类活动前期考核（共30分）			
项　目			得　分
1. 前期宣传水平质量（15分）			
A. 宣传材料充实，宣传力度大　15分	B. 宣传方式单一，宣传力度较小　10分	C. 基本不做宣传　5分	
2. 活动主题（5分）			
A. 以公益服务思想为主导，主题鲜明突出　5分	B. 以公益服务思想为主导，但主题不够明确　4分	C. 未以公益服务类思想为主导，主题不明　2分	
3. 活动准备情况（10分）			
A. 志愿者招募及组织情况良好　10分	B. 志愿者招募及组织情况一般　7分	C. 志愿者招募及组织情况较差　4分	
第二部分　服务类活动中期考核（共45分）			
项　目			得　分
1. 活动是否准时（5分）			
A. 活动准时开始未推迟 5分	B. 推迟时间在十分钟以内　3分	C. 推迟时间在十分钟以上　0分	
2. 突发事件处理（5分）			
A. 没有突发事件　5分	B. 有突发事件但是及时进行处理　3分	C. 有突发事件且没有及时处理　0分	
3. 活动现场人员参与情况（5分）			
A. 人员参与率达80%及以上　5分	B. 人员参与率在80%到60%　3分	C. 人员参与率在60%以下　2分	
4. 志愿者精神面貌（5分）			
A. 志愿者精神面貌好　5分	B. 志愿者精神面貌较好　3分	C. 志愿者精神面貌较差　2分	

续表

5. 活动现场秩序（5分）		
A. 很好　5分	B. 较好　3分	C. 混乱　0分
6. 志愿服务内容（10分）		
A. 愿者能力高，满足服务对象切实所需　10分	B. 志愿者能力一般，基本满足服务对象所需　7分	C. 志愿者能力较差，未能满足服务对象所需　5分
7. 服务态度（10分）		
A. 志愿者真诚付出，态度良好 10分		B. 志愿者服务态度一般，不够积极 5分
第三部分　服务类活动后期考核（共15分）		
项　　目		得　分
1. 卫生清洁情况（10分）		
A. 现场卫生维护良好，活动结束后主动清理 10分	B. 现场卫生维护较差，活动后主动清理分　7分	C. 活动现场未有卫生维护，活动结束后未清理　0分
2. 活动影响（5分）		
A. 对学生具有正面引导效果 5分	B. 对学生正面引导效果一般 3分	C. 未起到正面引导作用　0分
3. 被服务者反馈情况（10分）		
A. 被服务者反响好 10分	B. 被服务者反响一般 7分	C. 被服务者反响较差 3分
最终得分		考核人签字
评语*（若空白则该表作废）		
西南交通大学学生社团管理服务中心常务理事会签字确认		
考核条例	考核人员由一名副理事、一名部长、两名会长构成；去除最高分取平均分纳入学期考评。	

西南交通大学学生社团管理服务中心　制

附录三

西南交通大学讲座类活动考核表

活动名称			
承办社团			
活动考核人		活动负责人签字	
活动考核地点		活动考核时间	
第一部分　讲座前期考核（共30分）			
项目			得　分
1. 前期宣传水平质量（15分）			
A. 宣传材料充实，宣传力度大　15分	B. 传方式单一，宣传力度较小　10分	C. 基本不做宣传　5分	
2. 讲座主题（5分）			
A. 主题鲜明、内容积极向上、有特色　5分	B. 主题明确但未完全体现社团特色　4分	C. 主题不明确　2分	
3. 分工及讲座准备情况（5分）			
A. 场地布置完善，人员分工明确合理　5分	B. 场地布置完善但无具体人员分工　4分	C. 未布置场地，人员分工不明确　2分	
4. 人员接待工作（5分）			
A. 有工作人员引导且有引导标识　5分	B. 有引导标识或有工作人员引导　4分	C. 没有任何引导　2分	
第二部分　讲座现场考核（共45分）			
项目			得　分
1. 讲座是否准时开始（5分）			
A. 活动准时开始未推迟　5分	B. 推迟时间在15分钟以内　3分	C. 推迟时间在15分钟以上　0分	
2. 突发事件处理（5分）			
A. 没有突发事件　5分	B. 有突发事件但是及时进行处理　3分	C. 有突发事件且没有及时处理　0分	
3. 讲座现场人员参与情况（5分）			
A. 人员参与率达80%及以上　5分	B. 人员参与率在80%到60%　3分	C. 人员参与率在60%以下　2分	

续表

4.活动现场气氛（5分）			
A.观众认真听讲积极参与 5分	B.观众认真听讲部分观众积极参与 4分	C.观众反应平淡、参与情况较差 2分	
5.讲座现场秩序（5分）			
A.很好 5分	B.较好 3分	C.混乱 0分	
6.讲座效果（10分）			
A.对观众具有实际意义、可实践 10分	B.对观众有一定的启发和实际意义 7分	C.对观众启发较小、不可实践 5分	
7.讲座创新及创意（10分）			
A.讲座形式新颖（有图文展示、影音播放等） 10分	B.讲座形式较为普通 7分	C.讲座形式老旧 5分	
第三部分 讲座后期考核（共25分）			
项目			得分
1.卫生清洁情况（10分）			
A.现场卫生维护良好、活动结束后主动清理 10分	B.现场卫生维护较差、活动后主动清理分 7分	C.活动现场未有卫生维护、活动结束后未清理 0分	
2.散场秩序（5分）			
A.社团成员引导、散场有序 5分	B.社团成员未引导、散场有序 3分	C.散场秩序混乱 0分	
3.观众反馈情况（10分）			
A.观众反响好 10分	B.观众反响一般 7分	C.观众反响较差 5分	
最终得分		考核人签字	
评语*（若空白则该表作废）			
西南交通大学学生社团管理服务中心常务理事会签字确认			
考核条例	考核人员由一名副理事、一名部长、两名会长构成；去除最高分取平均分纳入学期考评。		

西南交通大学学生社团管理服务中心　制

附录四

西南交通大学竞赛类活动考核表（非体育）

活动名称			
承办社团			
活动考核人		活动负责人签字	
活动考核地点		活动考核时间	
第一部分　竞赛类活动前期考核（共30分）			
项　目			得　分
1. 前期宣传水平质量（15分）			
A. 宣传材料充实、宣传力度大　15分	B. 宣传方式单一、宣传力度较小　10分	C. 基本不做宣传　5分	
2. 竞赛主题（5分）			
A. 主题鲜明、内容积极向上、有特色　5分	B. 主题明确但未完全体现社团特色　4分	C. 主题不明确　2分	
3. 分工及活动准备情况（5分）			
A. 场地布置完善、人员分工明确合理　5分	B. 场地布置完善但无具体人员分工　4分	C. 未布置场地、人员分工不明确　2分	
4. 人员接待工作（5分）			
A. 有工作人员引导且有引导标识　5分	B. 有引导标识或有工作人员引导　4分	C. 没有任何引导　2分	
第二部分　竞赛活动现场考核（共50分）			
项　目			得　分
1. 活动是否准时（5分）			
A. 活动准时开始未推迟　5分	B. 推迟时间在十分钟以内　3分	C. 推迟时间在十分钟以上　0分	
2. 突发事件处理（5分）			
A. 没有突发事件　5分	B. 有突发事件但是及时进行处理　3分	C. 有突发事件且没有及时处理　0分	
3. 活动现场人员参与情况（5分）			
A. 人员参与率达80%及以上　5分	B. 人员参与率在80%到60%　3分	C. 人员参与率在60%以下　2分	

续表

	4. 活动现场气氛（10分）		
A. 主持效果好，参赛人员态度积极　10分	B. 主持效果较好，参赛人员态度较积极　7分	C. 主持效果一般，参赛人员态度一般　5分	
	5. 活动现场秩序（5分）		
A. 很好　5分	B. 较好　3分	C. 混乱　0分	
	6. 竞赛内容（10分）		
A. 比赛内容丰富、形式新颖、环节设置合理　10分	B. 比赛内容较为丰富、形式较为新颖、环节设置合理　7分	C. 比赛内容较、形式较单一、环节设置不合理　3分	
	7. "三公"情况（10分）		
A. 成绩及时公布、比赛公平公正公开　10分	B. 成绩未及时公布、比赛公平公正公开　7分	C. 成绩及时公布、比赛公平性有待商榷　3分	
	第三部分　竞赛活动后期考核（共20分）		
	项目		得分
	1. 卫生清洁情况（10分）		
A. 现场卫生维护良好、活动结束后主动清理　10分	B. 现场卫生维护较差、活动后主动清理分　7分	C. 活动现场未有卫生维护、活动结束后未清理　0分	
	2. 散场秩序（5分）		
A. 社团成员引导、散场有序　5分	B. 社团成员未引导、散场有序　3分	C. 散场秩序混乱　0分	
	3. 颁奖情况（5分）		
A. 有颁奖环节5分		B. 无颁奖环节3分	
最终得分		考核人签字	
评语*（若空白则该表作废）			
西南交通大学学生社团管理服务中心常务理事会签字确认			
考核条例	考核人员由一名副理事、一名部长、两名会长构成；去除最高分取平均分纳入学期考评。		

西南交通大学学生社团管理服务中心　　制

附录五

西南交通大学体育竞赛类活动考核表

活动名称			
承办社团			
活动考核人		活动负责人签字	
活动考核地点		活动考核时间	
第一部分　体育竞赛活动前期考核（共35分）			
项　目			得　分
1. 前期宣传水平质量（15分）			
A. 宣传材料充实、宣传力度大　15分	B. 宣传方式单一、宣传力度较小　10分	C. 基本不做宣传　5分	
2. 竞赛主题（5分）			
A. 主题鲜明、内容积极向上、有特色　5分	B. 主题明确但未完全体现社团特色　4分	C. 主题不明确　2分	
3. 分工及活动准备情况（5分）			
A. 场地布置完善、人员分工明确合理　5分	B. 场地布置完善但无具体人员分工　4分	C. 未布置场地、人员分工不明确　2分	
4. 人员接待工作（5分）			
A. 有工作人员引导且有引导标识　5分	B. 有引导标识或有工作人员引导　4分	C. 没有任何引导　2分	
5. 是否为系列活动（5分）			
A. 是　5分		B. 否　3分	
第二部分　体育竞赛活动现场考核（共45分）			
项　目			得　分
1. 活动是否准时（5分）			
A. 活动准时开始未推迟　5分	B. 推迟时间在十分钟以内　3分	C. 推迟时间在十分钟以上　0分	
2. 突发事件处理（5分）			
A. 没有突发事件　5分	B. 有突发事件但是及时进行处理　3分	C. 有突发事件且没有及时处理　0分	
3. 活动现场人员参与情况（5分）			
A. 人员参与率达80%及以上　5分	B. 人员参与率在80%到60%　3分	C. 人员参与率在60%以下　2分	

续表

4. 活动现场气氛（5分）		
A. 赛场竞争激烈、观众热情 5分	B. 赛场竞争气氛较为激烈、观众较为热情 4分	C. 现场氛围冷清 3分
5. 活动现场秩序（5分）		
A. 很好 5分	B. 较好 3分	C. 混乱 0分
6. 安全性保障（5分）		
A. 场地维护及安全情况较好 5分	B. 场地维护及安全性一般 3分	C. 缺少场地维护，安全性较差 0分
7. 体育精神（5分）		
A. 参赛选手体育精神良好 5分	B. 参赛选手体育精神一般 3分	C. 参赛选手缺乏体育精神 0分
8. "三公"情况（10分）		
A. 成绩及时公布、比赛公平公正公开 10分	B. 成绩未及时公布、比赛公平公正公开 7分	C. 成绩及时公布、比赛公平性有待商榷 3分

第三部分 体育竞赛活动后期考核（共25分）			
项 目			得 分
1. 卫生清洁情况（10分）			
A. 现场卫生维护良好、活动结束后主动清理 10分	B. 现场卫生维护较差、活动后主动清理分 7分	C. 活动现场未有卫生维护、活动结束后未清理 0分	
2. 观众反馈（5分）			
A. 竞赛效果好，影响大 5分	B. 竞赛效果较好，影响一般 3分	C. 竞赛效果较差，影响较小 2分	
3. 颁奖情况（5分）			
A. 有颁奖环节 5分		B. 无颁奖环节 3分	
最终得分		考核人签字	
评语*（若空白则该表作废）			
西南交通大学学生社团管理服务中心常务理事会签字确认			
考核条例	考核人员由一名副理事、一名部长、两名会长构成；去除最高分取平均分纳入学期考评。		

西南交通大学学生社团管理服务中心 制

附录六

西南交通大学晚会类活动考核表

活动名称			
承办社团			
活动考核人		活动负责人签字	
活动考核地点		活动考核时间	
第一部分　晚会活动前期考核（共30分）			
项目			得　分
1. 前期宣传水平质量（15分）			
A. 宣传材料充实、宣传力度大　15分	B. 宣传方式单一、宣传力度较小　10分	C. 基本不做宣传　5分	
2. 晚会主题（5分）			
A. 主题鲜明、内容积极向上、有特色　5分	B. 主题明确但未完全体现社团特色　4分	C. 主题不明确　2分	
3. 分工及活动准备情况（5分）			
A. 场地布置完善、人员分工明确合理　5分	B. 场地布置完善但无具体人员分工　4分	C. 未布置场地、人员分工不明确　2分	
4. 人员接待工作（5分）			
A. 有工作人员引导且有引导标识　5分	B. 有引导标识或有工作人员引导　4分	C. 没有任何引导　2分	
第二部分　晚会活动现场考核（共50分）			
项目			得　分
1. 活动是否准时（5分）			
A. 没有突发事件　5分	B. 有突发事件但是及时进行处理　3分	C. 有突发事件且没有及时处理　0分	
2. 活动现场人员参与情况（5分）			
A. 人员参与率达80%及以上　5分	B. 人员参与率在80%到60%　3分	C. 人员参与率在60%以下　2分	
3. 活动现场气氛（10分）			
A. 现场气氛热烈，观众积极参与　10分	B. 现场气氛较热烈，部分观众积极参与　7分	C. 现场气氛不热烈，观众反应平淡　3分	

续表

4. 活动现场秩序（5分）			
A. 很好　5分	B. 较好　3分	C. 混乱　0分	
5. 节目效果（10分）			
A. 内容紧凑丰富、吸引观众眼球　10分	B. 内容较丰富、时长适宜恰当　7分	C. 内容形式较为单一、环节不够紧凑　5分	
6. 节目创新及创意（10分）			
A. 节目设计新颖、类型丰富　10分	B. 节目设计不新颖但类型丰富/设计新颖但类型不丰富　7分	C. 节目设计不新颖类型单一　5分	
第三部分　晚会活动后期考核（共20分）			
项目			得分
1. 卫生清洁情况（10分）			
A. 现场卫生维护良好、活动结束后主动清理　10分	B. 现场卫生维护较差、活动后主动清理分　7分	C. 活动现场未有卫生维护、活动结束后未清理　0分	
2. 散场秩序（5分）			
A. 社团成员引导、散场有序　5分	B. 社团成员未引导、散场有序　3分	C. 散场秩序混乱　0分	
3. 观众反馈情况（5分）			
A. 观众反响好　5分	B. 观众反响一般　3分	C. 观众反响较差　1分	
最终得分		考核人签字	
评语*（若空白则该表作废）			
西南交通大学学生社团管理服务中心常务理事会签字确认			
考核条例	考核人员由一名副理事、一名部长、两名会长构成；去除最高分取平均分纳入学期考评。		

西南交通大学学生社团管理服务中心　制

附录七

西南交通大学社团内部文化活动考核表

活动名称			
社团名称			
活动考核人		活动负责人签字	
活动考核时间		活动考核地点	
第一部分 常规考核项目（共60分）			
项 目			得 分
1. 前期准备（10分）			
A. 有签到表、工作人员认真负责活动准时　10分	B. 无签到表但活动准时、工作人员认真负责　8分	C. 无签到表且活动不准时、工作人员认真负责　5分	
2. 活动现场人员参与情况（＿＿/＿＿）（10分）			
A. 人员参与率达80%及以上　5分	B. 人员参与率在80%到60%　3分	C. 人员参与率在60%以下　2分	
3. 现场秩序（5分）			
A. 现场秩序很好　5分	B. 现场秩序较好　3分	C. 现场秩序混乱　0分	
4. 突发事件处理（5分）			
A. 没有突发事件　5分	B. 有突发事件但是及时进行处理　3分	C. 有突发事件且没有及时处理　0分	
5. 卫生清洁情况（10分）			
A. 现场卫生维护良好、活动结束后主动清理　10分	B. 现场卫生维护较差、活动后主动清理分　7分	C. 活动现场未有卫生维护、活动结束后未清理　0分	
6. 现场布置情况情况（10分）			
A. 场地布置完善、人员分工明确合理　10分	B. 场地布置完善但无具体人员分工　7分	C. 未布置场地、人员分工不明确　5分	
7. 活动现场气氛（10分）			
A. 现场气氛热烈，会员积极参与　10分	B. 现场气氛较热烈，部分会员积极参与　7分	C. 现场气氛不热烈，会员反应平淡　3分	

续表

第二部分 内容考核项目（共40分）			
项目			得分
1. 活动筹备（10分）			
A. 有活动大纲、主题明确 10分	B. 无活动大纲、主题较明确 7分	C. 无活动大纲、主题不明确 5分	
2. 活动充实性（10分）			
A. 活动充实且丰富 10分	B. 活动内容较为充实丰富 8分	C. 活动内容单一 5分	
3. 活动意义（10分）			
A. 有主意增加社团内部凝聚力 10分	B. 能促进社团内部会员交流 8分	C. 对会员作用不大 5分	
4. 活动整体印象（10分）			
A. 好 10分	B. 较好 8分	C. 一般 5分	D.较差 3分
最终得分		考核人签字	
评语*（若空白则该表作废）			
西南交通大学学生社团管理服务中心常务理事会签字确认			
考核条例	考核人员由一名副理事、一名部长、两名会长构成；去除最高分取平均分纳入学期考评。		

西南交通大学学生社团管理服务中心　　制

附录八

西南交通大学学生社团活动反馈表

社团名称：　　　　　社团负责人：　　　　　填表日期：　　年　　月　　日
（活动时间之后）

活动名称		活动对象	
活动目的			
组织机构	主办单位：（必填）		承办单位：（必填）
	协办单位：（选填）		其他：
活动形式（必填）	□文艺演出　□文体竞赛　□影视赏析　□知识宣传 □讲座报告　□展览　　　□调查　　　□其他_____		
活动时间	月　日　时　分至 月　日　时　分	活动地点	
		参加人数	
项目负责人		外籍人员人数	（没有填无）
项目考核人		出席老师、嘉宾	
活动程序及内容	（必填，前期筹备，活动流程，时间线详细）		
活动优缺点自评	优点：（可另附页） 　　　　　　　　（必填） 不足：（可另附页） 　　　　　　　　（必填）		
活动图片上交情况	电子版即可（2～5张）　□已交　□未交　（不填）		
冲报账情况	冲报账需附正规发票　□已结束　□未结束　（不填）		
分管副理事确认意见			

项目总结人：（手签）

　　　　　　　　　　　　　　　　西南交通大学学生社团管理服务中心　　制

参考文献

[1] 陈飞,郭兴华.高校学生社团组织育人功能研究[J].学校党建与思想教育,2022(8).

[2] 王文山.基于学生社团的高校使命教育研究[J].学校党建与思想教育,2021(16).

[3] 胡颖蔓.高校学生社团育人创新研究[J].学校党建与思想教育,2021(12).

[4] 韩煦.高校学生社团育人效能的现状分析及其提升对策[J].思想理论教育,2021(1).

[5] 魏星,李思杭.高校学生社团育人的理念优化和实践创新[J].思想理论教育,2020(11).

[6] 付忠勇.高校学生社团建设的优化路径[J].学校党建与思想教育,2019(20).

[7] 邓硕.高校学生社团思想政治教育功能的实现途径[J].学校党建与思想教育,2019(20).

[8] 王艺,祁钰.新时代繁荣发展高校学生社团的路径探析[J].学校党建与思想教育,2018(12).

[9] 苗苗,王万奇.新媒体时代下高校加强学生社团干部培养探究[J].思想理论教育导刊,2017(8).

[10] 林娟.试论高校学生社团思想政治教育的功能及其发挥[J].学校党建与思想教育,2016(18).